監修者——木村靖二／岸本美緒／小松久男／佐藤次高

［カバー表写真］
軍服姿の袁世凱

［カバー裏写真］
中華民国銀貨に描かれた袁世凱

［扉写真］
中国服姿の袁世凱

世界史リブレット人78

袁世凱

統合と改革への見果てぬ夢を追い求めて

Tanaka Hiroshi
田中比呂志

目次

評判の悪い袁世凱

「彰徳《しょうとく》から一里半、参家荘近くに袁世凱《えんせいぐわい》の墓がある。墓は横一間《けん》、高さ二間半の大理石でその表には、大総統長公世凱墓とあつた。墓と云つても浅草観音様をもつと荘厳にしたもので……。墓を守るお堂の瓦は、国寶《こくほう》になると云ふ話を訊《き》いたが、なんにしても立派なお墓だ。」とは、後世の日本人が袁世凱の墓を訪れたときの感想であった。この感想を述べているのは日中戦争勃発間もない一九三八年、日本軍兵士を慰問するために華北各地を旅していた「笑わし隊」の芸人たちであった。彼らは袁に関して、とくに好悪の感情をあらわしてはいない。しかし、以下に述べるように袁世凱《えんせいがい》（一八五九〜一九一六）はその生前にすでに評判はかんばしくなかったのである。

中国近代史における著名な人物で、袁世凱ほど評判の悪い人物はいないだろう。すでに彼が生存中に日本人伝記作家の筆によって、いくつかの伝記が書かれていた。また、日本の同時代の評論などにも袁世凱は登場していた。高く評価するものもないわけではないが、彼についての評価はどちらかといえば、ネガティブなものが多い。それらはおおむね「俗物」であるとか、あるいは「機会主義」(オポチュニスト)というような評価である。それらのうち、例えば、「憲政の神様」と称される尾崎行雄《ゆきお》▲にいたっては「私は袁世凱とは、一面の識もなく、その経歴もよくは知らないが、雅致《がち》(上品さ)もなければ、古典的色彩もない、純然たる俗物的才物である點《てん》では、わが桂公▲に酷似してゐたやうに思ふ。なぜか私は、この両者が嫌ひであつた」とまでいう。一方、そのような評価のなかにあって犬養毅《いぬかいつよし》▲は「仔細に彼を観察すると、彼が決して尋常の才子にあらず、遠大の計あり、経世の眼あることが歴々として證《しょう》せられる」と、袁を比較的高く評価している。

一九四三年、橘樸《たちばなしらき》▲は袁世凱に関して「彼は或は深謀ある大政治家とせられ、或は奸智《かんち》に長《た》けた英雄と呼ばれてゐる。しかしまた、一箇怯懦《きょうだ》(臆病で気が弱い

▼**尾崎行雄**(一八五八~一九五四) 政治家、号は咢堂。第一回帝国議会選挙に当選して以来、第二六回衆議員選挙で落選するまで議員を務めた。

▼**桂太郎**(一八四八~一九一三) 長州藩士、のちに内閣総理大臣となった。

▼**犬養毅**(一八五五~一九三二) 政治家、現在の岡山県生まれ。内閣総理大臣をはじめとして、各大臣を歴任。一九三二年の五・一五事件で落命した。

▼**橘樸**(一八八一~一九四五) 現在の大分県に生まれる。ジャーナリスト・中国研究者。

こと）な事大主義者《じだいしゅぎしゃ》に過ぎないとするものもある。いづれにせよ、彼が術策に富んだ優れた機会主義者であつたことは疑ひがたい」と述べているが、このあたりが日本の同時代人による袁世凱評価の一つの到達点といえようか。

袁世凱は同時代の中国人からの評価もかんばしくない。袁の名が歴史上に登場するのは日清戦争期であるが、このとき金玉均《きんぎょくきん》▲らのクーデタ（甲申政変）鎮圧や朝鮮統治において大いに活躍し、その名を知られるようになった。しかし、袁の評価を決定的に悪くしたのは戊戌変法《ぼじゅつへんぽう》期、および中華民国成立初期における彼の行動であった。周知のように戊戌変法は挫折し、光緒帝《こうしょてい》は幽閉されるという憂《う》き目《め》を見、譚嗣同《たんしどう》ら六人は刑場の露と消え、康有為《こうゆうい》・梁啓超《りょうけいちょう》▲は日本亡命を余儀なくされた。その梁啓超は『戊戌政変記』（一八九八年）を著し、袁を変法を挫折せしめたとして「悪賢く、反覆常なき人物」と筆誅《ひっちゅう》を加えている。

また、中華民国が成立したのち、袁は人を使って政敵であった国民党の若きリーダーの宋教仁《そうきょうじん》を暗殺し、国会を停止させ、帝位についたが、これらの行動によって後世においては、辛亥《しんがい》革命の「果実」を奪い取った人物として記憶されるにいたった。大陸では陳伯達《ちんはくだつ》▲『窃国大盗《せっこくだいとう》袁世凱』（一九四六年）、台湾で

▼金玉均（一八五一～九四）　朝鮮李朝の政治家、開化派として知られる。一八八二年に来日し、福沢諭吉と交わる。八四年、閔氏政権に対してクーデタを起こすも失敗し、日本へ亡命。九四年、上海で暗殺された。

▼梁啓超（一八七三～一九二九）　清末民初のジャーナリスト・政治家・学者。康有為らと戊戌変法に参加するも挫折、日本亡命を余儀なくされた。日本では『新民叢報』を創刊、言論執筆活動に従事し、当時の中国知識人に多大な影響を与えた。

▼陳伯達（一九〇四～八九）　福建省の生まれ。一九二七年、中国共産党に加入、毛沢東の政治秘書となる。一九五〇年代には毛のスポークスマンとしての地位を固め、『紅旗』の編集主幹となり、六六年には中央政治局常務委員となる。文革期には江青や林彪らとともに劉少奇ら「走資派」の打倒をめざしたが、七〇年に失脚、八九年に病没。

は『袁世凱竊國記《せっこく》』（一九五四年）などと銘打たれた伝記が刊行された。「窃国」あるいは「竊國」とは、「国を盗む」という意味である。大陸、台湾のいずれにおいても孫文《そんぶん》▲＝絶対的善、袁世凱＝絶対的悪という善玉悪玉史観のなかで、長い期間、袁世凱は否定されるべき悪、として牢固《ろうこ》とした位置づけをされてきたのであった。

以上のような事情のゆえに、清末民国初期（清末民初）の歴史の展開のなかに袁を位置づける作業は、いまだ十分に進められていない。しかしながら日清戦争、戊戌変法、義和団事件、清末新政、辛亥革命、そして第一次世界大戦と、たて続けに大きなできごとが起こるなか、袁世凱はキーパーソンの一人であり続けた。また、彼は日本とも深い関わりをもった人物でもあった。それゆえ、袁に注目する意味は十二分あるといえよう。そこで、本書において、その袁世凱をとおして清末民初という時代に迫ってみたいと思う。

▼**孫文**（一八六六〜一九二五）　近代中国の革命家・政治家。広東省の生まれ。長兄がハワイで成功し、その兄を頼りハワイで学び、西洋文明へ傾倒。帰国後に革命思想をいだき、一八九四年には革命団体・興中会を結成し、武装蜂起を企てるも失敗。日本に亡命し、宮崎滔天・頭山満らと知り合った。一九〇五年、再度渡日して中国同盟会の結成に参加した。一一年に武昌蜂起が起こり、革命情勢が拡大すると、急遽帰国の途につき、一二年一月一日、中華民国の初代臨時大総統に就任した。その後、清朝皇帝を退位させるため袁世凱らと妥協して、その座を袁に譲位した。袁が独裁化すると第二革命をめざすも失敗し、ふたたび日本亡命を余儀なくされた。日本で中華革命党を結成。袁の死後は五・四運動に触発され中国国民党を結成し、中国共産党と提携、第一次国共合作を成立させた。一九二五年三月、北京で病没。

光緒帝（在位一八七五〜一九〇八）　清朝第十一代皇帝。愛新覚羅載湉。三歳で即位したが、政治の実権は伯母の西太后が握った。一八八九年にいたり親政を開始。日清戦争の敗北を機に、国力回復を強く意識するようになり、「変法」を開始した。近年の科学的調査により、その死因は急性ヒ素中毒であり、暗殺されたことが判明した。

康有為（一八五八〜一九二七）　広東省南海県出身、清末民初の学者・思想家。経学などを学んだのち、西洋文化にふれるとともに経世致用に関する書を多数読み、影響を受けた。『新学偽経考』『孔子改制考』『大同書』などを著し、また上書をつうじて光緒帝に改革を訴え、総理衙門章京に取り立てられ、「変法」の中心的人物となった。西太后らのクーデタ後、ティモシー・リチャードの助力を得て、上海のイギリス領事館に保護され、さらに宮崎滔天らの助けによって日本に亡命した。

譚嗣同（一八六五〜九八）　湖南省瀏陽の人、父は清朝の高官。日清戦争の敗北を契機として、経世致用に関心をもつようになった。一八九六年、北京において梁啓超らと交わる。また、九八年には推されて軍機章京となり、「変法」をめざすようになった。著書に『仁学』などがある。

宋教仁（一八八二〜一九一三）　湖南省桃源県の人。武昌の文普通学堂に学び、黄興らとともに革命団体華興会を結成して、反清武装蜂起を計画したが挫折、日本に亡命した。日本では中国同盟会に参加するとともに、法政大学・早稲田大学などで学んだ。帰国後、孫文らとは一線を画して、中部同盟会を結成して長江流域での反清武装蜂起を模索した。辛亥革命後、国民党の結成とその勢力の拡大をめざし、袁の権力に対抗しようとした。一九一三年三月、ピストルで撃たれ、暗殺された。

①—清朝と袁世凱

生い立ち

袁世凱《えんせいがい》、字は慰庭《いてい》、慰亭、あるいは慰廷、号は容庵《ようあん》、別名は彼の故郷の名をとって項城《こうじょう》とも呼ばれる。一八五九(咸豊《かんぽう》九)年、河南省陳州府項城県の袁氏一族に生まれた。一九四〇年の南満州鉄道株式会社調査部編『北支農村概況調査報告——彰徳《しょうとく》県第一区宋村及侯七里店』に「因《ちな》みに袁世凱は彰徳、汲《きゅう》県及輝《き》県一帯に約四萬畝(一畝は六・六七アール)の土地を所有して居り……」とあり、土地が一族の重要な経済的基盤であったことがわかる。項城県は河南省の東南部、安徽《あんき》省寄りに位置する。袁氏は河南省の名族で、一族からは進士や挙人が多く輩出されており、大叔父(世凱の祖父の兄弟)の袁甲三《こうさん》(進士)は捻軍《ねんぐん》▲討伐で功をなし、漕運《そううん》▲総督(従一品もしくは正二品にあたる)にまで昇進した。彼は曽国《そうこく》藩《はん》や李鴻章《りこうしょう》▲とも密接な関係をもっていたという。父は袁保中《ほちゅう》、科挙の称号こそもってはいないが、家産の管理をしたり、団練を組織したりして地域の防衛に従事した。世凱はその第四子として生まれたが、まもなく子に恵まれなかった

▼捻軍　一八五〇年代から六〇年代末に華北地域で反清朝を掲げて蜂起した武装集団。

▼漕運　河川や運河、海路を用いて漕糧を輸送すること。

▼李鴻章(一八二三〜一九〇一)　安徽省合肥人。太平天国との戦いで功績をあげ、それに続く洋務運動では中心人物の一人であった。

●袁氏家系図

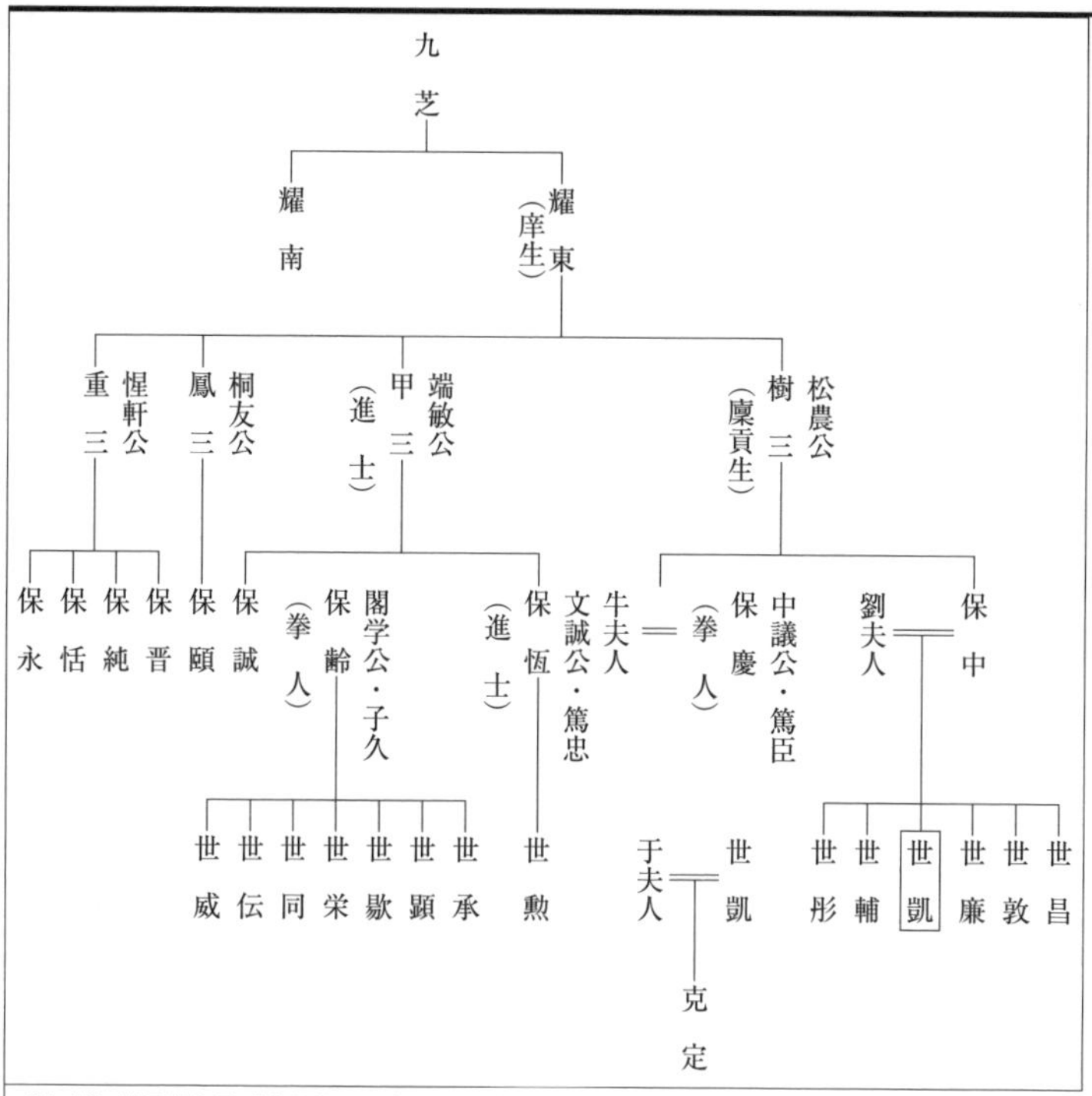

〔出典〕藤岡喜久男『袁世凱と壬午・甲申事変』より

実父の弟の袁保慶《ほけい》(挙人・江南塩巡道《えんじゅんどう》)▲の養子となって跡を継いだ。しかし、一八七三年、一四歳のときに保慶が任地で病死したこともあり、項城県に戻った。

　そのような家柄に生まれた子弟の例にもれず、袁世凱は六歳のときに家塾に入れられて科挙を受験するための勉強を課せられたが、熱心に勉学に励むことはなかった。養父が死去したこともあり、叔父の袁保恆《ほこう》(進士)は、閑居していた一五歳の袁を北京に帯同し、三人の家庭教師をつけて受験勉強をさせた。また、もう一人の叔父の保齢《ほれい》(挙人)も自ら袁世凱を教えた。しかし彼は受験勉強には熱心ではなく、ようやく「秀才」となったものの、一八七六年、七九年の郷試《きょうし》には及第せず、挙人にはなれなかった(このころに袁は二歳年上の于氏と結婚して河南省陳州に居をかまえたとともに、四歳年上の徐世昌《じょせいしょう》▲と知り合い義兄弟となった)。そこで一八七九年、袁は捐納《えんのう》(金銭でもって官位を買うこと)により中書科中書(従七品。中央の官庁で、文書の起草などをおこなう)を買官し、ようやく文官へ進むための足掛かりを得たのであった。しかし、この年の郷試にも合格せず、彼はついに文官への道に見切りをつけ、武官への道を歩むことになった。そのきっかけとなったのは、一八八一年、彼が養父の親友であり、かつま

▼**塩巡道**　清代において分巡道が塩法道を兼任した際の呼称。

▼**徐世昌**(一八五五〜一九三九)　天津人。中華民国第四代総統。私塾教師時代に袁世凱と知り合った。袁の資金援助を受けて科挙に応試し、一八八六年に進士に及第した。その後、袁の推挙もあって出世し、一九〇四年には軍機大臣となる。

▼**呉長慶**(一八二九〜八四)　安徽省廬江人。団練を組織して太平天国に抗する父の呉延香を救うため、袁甲三に借兵を申し込み、その際袁保慶の助言により借兵に成功。このとき保慶と義兄弟のちぎりを結んだ。のちに呉の幕下にはいった袁を「能将」として抜擢した。

た李鴻章の配下として当時山東省登州に駐屯中であった呉長慶《ごちょうけい》▲(広東水師提督)の陣営に身を寄せたことである。儒将とも称されていた呉長慶の幕下には、彼の人品を慕って張謇《ちょうけん》▲をはじめとして多様な人材が集まっていた。袁は六歳年上の張謇から詩文を習うとともに、張謇の推薦もあり、徐々に呉長慶から重用されるようになった。そして袁がその名を歴史に刻むことになった最初の契機は壬午《じんご》軍乱▲の発生であった。

日清戦争と袁世凱

明治政府は朝鮮との外交関係の刷新を意図して、たびたび使節を朝鮮に派遣して国交樹立を求めた。しかし、一八六六年、フランス人宣教師処刑に端を発するフランスとの紛争(丙寅洋擾《へいいんようじょう》)、また同年のアメリカ商船乗組員殺害事件に端を発するアメリカとの紛争(一八七一年、辛未洋擾《しんびようじょう》)を経験した朝鮮は、実権を握っていた興宣大院君《こうせんだいいんくん》▲の施政のもと、攘夷的姿勢を固く守り、西洋的外交をもちかけた日本からの要求をにべもなく退けたのであった。ところが一八七三年末、失政の責任を問われて大院君は引退させられ、朝鮮の外交方針が転換さ

▼張謇(一八五三〜一九二六) 近代中国の企業家・教育家・政治家。江蘇省海門生まれ。一八七六年に呉長慶の幕下にはいり、のち袁とも知り合う。このとき袁に文章の手ほどきをした。

▼壬午軍乱 壬午の年(一八八二年)七月二十三日に朝鮮の漢城で起きた兵変。引退していた興宣大院君が復権を企図し、改革が進められるなかで不平不満を高じさせていた兵士らを煽動して引き起こした兵変。政権を担っていた閔氏一族の高官、日本人顧問、日本公使館員らが殺された。

▼興宣大院君(一八二〇〜九八) 朝鮮李朝の国王・高宗の実父。一八六四年から七三年まで国政を執った。

れると、日本は江華島事件▲を足がかりとしてゆきづまった交渉を打開し、日朝修好条規(江華島条約)を締結、朝鮮との外交を樹立した。これ以降、多くの日本人が朝鮮に渡って経済活動を展開することになった。また、大院君引退後には、閔《びん》氏一族が権力を握り日本に倣《なら》った近代化の模索も顕著となった。このように日本の影響力が強まりつつあるなかで壬午軍乱が引き起こされた。これにより、ふたたび大院君が政権を握った。しかし、それは短命に終わった。

　日朝間の国交樹立以後、清は日本の影響力拡大を警戒して、朝鮮に対する関与を強めており、軍乱勃発の情報はただちに清に伝えられた。領選使▲の金允《きんいん》植《しょく》と魚允中《ぎょいんちゅう》▲からの派兵要請を受けて、清は丁汝昌・馬建忠らを派遣するとともに、軍乱の黒幕であった大院君を拉致して、軍艦に乗せて天津に護送した(その後、保定《ほてい》▲に軟禁)。このとき、呉長慶の軍も派遣され、袁は「会辧営務処《かいべんえいむしょ》」(前敵営務処ともいう)として出征して多大なる貢献をした。呉長慶はこの功績を清朝皇帝に報告し、袁の昇進を願い、それは認められた。袁は副長官(補用同知)に昇進した。

　軍乱ののち、閔氏政権は再興されたが、呉長慶らは漢城にとどまることにな

▼江華島事件　一八七五年九月二十日、朝鮮の江華島付近で発生した日朝間の武力衝突。これをきっかけに、翌七六年に日朝修好条規(江華島条約)が結ばれた。

▼領選使　一八八二年初め、朝鮮からの留学生を李鴻章が設立した天津機器局に派遣したが、これを引率した使臣のこと。これは表向きの任務であり、じつは天津でアメリカとの修好通商条約締結に向けて交渉する任務をおびていた。

▼金允植と魚允中　金允植(一八三五〜一九二二)、魚允中(一八四八〜九六)。朝鮮李朝の政治家。

▼保定　清代直隷省中部の都市、直隷総督衙門がおかれた。

った。李鴻章はドイツ人のメルレンドルフ(メレンドルフ。またこのときの秘書が唐紹儀《とうしょうぎ》▲。ここで袁と唐は知り合う)、および馬建常《ばけんじょう》▲(馬建忠《けんちゅう》▲の兄)を派遣して顧問とし、諸政を監督させた。また弱冠二四歳の袁は軍事部門の監督に従事し、駐防清軍の実権を握るとともに、朝鮮最初の近代的軍隊である朝鮮新軍の創設・訓練に従事した。これにより、清の朝鮮支配は強化され、呉長慶の朝鮮における地位・権限は「監国《かんこく》」のごときであったという。

一八八四年八月、清仏間に戦争が起こると、李鴻章は渤海湾の防備のため、清軍の半ばを朝鮮から撤退させた。そしてこれは袁の実権を拡大させることにつながった。李は袁を朝鮮防衛の責任者に推薦したのであった。ところが金玉均ら朝鮮の開化派勢力もこの機を見逃さなかった。清軍が半減した機に乗じてクーデタを引き起こし、一時的に親日派の独立党が権力を掌握した。これを甲申政変▲という。そこで閔妃ら事大党は密使を清へ送り軍の出動を要請した。当初清朝は清仏戦争など内外ともに多事であったこと、また中朝間にはまだ電信線が開通していなかったこともあり、意思決定をするには多くの時間を必要とした。ところが袁は下命を待たずしてただちに軍を差し向けて、開化派の軍隊

▼唐紹儀(一八六二〜一九三八)　上海の茶商の家に生まれ、一二歳のときにアメリカのコロンビア大学に留学した。一八八一年に帰国、天津水師洋務学堂で引き続き勉学に従事した。八二年、メルレンドルフの随員として朝鮮に行き、税関事務にたずさわった。八四年の甲申政変の際に袁と知り合い、莫逆の友となった。

▼馬建常(一八四〇〜一九三九)　馬相伯、馬良。李鴻章の幕僚を務め、一八八一年、外交員として日本へいく。のちには復旦公学を創設した。

▼馬建忠(一八四五〜一九〇〇)　一八七八年に李鴻章によりフランスに派遣され、帰国後に洋務運動に従事し、八二年に朝鮮に派遣された。

▼甲申政変　一八八四年十二月四日、朝鮮の漢城で発生したクーデタ。親日的姿勢から清朝寄りの姿勢に変わってしまった閔氏政権に対して金玉均ら独立党の人士がクーデタを企図した。

▼高宗(一八五二〜一九一九)　朝鮮(李朝)第二十六代国王。のち、大韓帝国初代皇帝となった。

と日本軍が守備していた昌徳宮《しょうとくきゅう》を包囲して朝鮮国王高宗《こうそう》▲を奪回し、クーデタを鎮圧、宗主国としての体面を保つことに成功した。

李鴻章は袁の活躍を大いに賞した。しかしながら、袁のこの行動は日清間に風波を起こしたことも間違いなかった。そこで、袁世凱は継母の病気を口実に一時的に朝鮮を離れて帰国することにした。ところが、一年もたたないうちに、袁は大院君を朝鮮に「護送」する任を受け、一八八五年十月、再度、朝鮮に渡り、任務を全うして帰国した。

このころ、ロシア・イギリスの朝鮮への勢力浸透を憂慮した李鴻章は、その政策を変更し、「朝貢」の関係をはるかにこえた朝鮮支配の強化をめざすようになった。この大院君護送の背景には、このような政策転換が密接にからんでいた。そして袁は李の意を承《う》けて、同年十一月、総理朝鮮交渉通商事宜としてまたも朝鮮に派遣された。これにより袁は、李鴻章の代理人として日清戦争にいたるまでの約一〇年間、朝鮮経営に従事することになった。袁は一方では朝鮮国内の治安維持に尽力し、内政に徹底的に干渉した。また、インフラ整備を進め、中朝間に定期航路を開設した。これは通商政策を積極的に展開して清の商人の朝鮮進出を促進し、日本勢力の朝鮮貿易における独占的情況の打破をめざすためだった。一説によると、一八八四年頃には、朝鮮の商業の中心地には清国人の一二倍もの日本人が住んでいたという。一方、在朝清国商人は一八八五年から九三年の八年間に、約二〇〇人から約二〇〇〇人に大きく増加したという。

また、袁は徹底的にロシアの影響力を排除しようとし、清への牽制から朝鮮がロシアに対して急接近した際には、高宗の廃位を李鴻章に進言している。このように、袁世凱は朝鮮の、清へのよりいっそうの従属化を推《お》し進めた立役者であった。

一八九四年に東学▲に影響を受けた民衆蜂起が活発化すると、鎮圧のために五月末、朝鮮から清に出兵要請がなされた。これを受けて六月、李鴻章は軍を送り、一方日本もこれに応じて派兵した。朝鮮状勢をめぐる日清間の外交関係は複雑を極めた。李はイギリス・ロシアを介在させてフランスとアメリカを巻き込み、日清両国の撤兵を実現させることをはかり、日本との衝突をできるだけ回避しようとしたが日本は同意せず、李鴻章の宥《ゆう》和《わ》路線は功を奏さなかった。

▼**東学**　崔済愚が起こした変革思想のこと。西学に対して東学とする。

袁は七月、今後の自己の保身を考慮して帰国工作を開始し、李に帰国を願い出た。総理衙門は袁の希望を却下したが、李鴻章の尽力があり、ついに帰国は認められた。袁は朝鮮駐在イギリス公使ジョルダンの助力を得て、英軍艦に乗り、帰国をはたした。

こののち、袁はふたたび李の命を受けて、軍の補給担当官に就き、平壌に向かうも同地の陥落により満州にとどまり、胡燏芬《こいつふん》▲・周馥《しゅうふく》▲とともに物資や装備を補給する仕事にたずさわった。そこで袁は清朝軍の腐敗・無能ぶりを見たのであるが、これがのちの軍隊改革へ結実したといわれている。

戊戌変法と袁世凱

日清戦争の敗北は、よりいっそうの近代化の必要性を清朝中枢に意識させることになった。とりわけ軍事・工業の近代化が必要不可欠と認識された。しかし、李鴻章や張之洞《ちょうしどう》らの近代化路線を批判的にとらえる民間知識人も存在した。従来から李鴻章の対日宥和路線に批判的であった袁世凱は、西太后《せいたいこう》および対日強硬論を唱えていた李鴻藻《りこうそう》▲・翁同龢《おうどうわ》▲・栄禄▲らに接近を試みた。ときにドイツ

▼**胡燏芬**（一八四〇?〜一九〇六）　安徽省出身。一八七四年に進士となり、のち、李鴻章の幕僚となる。その後、いったん広西省の按察使、そして代理布政使となる。

▼**周馥**（一八三七〜一九二一）　安徽省出身。李鴻章の幕僚を務め、洋務に従事した。李が死去すると直隷総督代理兼北洋大臣を務めた。周学熙は子で、また娘は袁世凱の八男・袁克珍に嫁いでいる。

▼**李鴻藻**（一八二〇〜九七）　清末の官僚・政治家。同治帝・光緒帝の師として支えた。李石曽は子。

▼**翁同龢**（一八三〇〜一九〇四）　江蘇出身。同治帝と光緒帝の師。

▼**栄禄**（一八三六〜一九〇三）　満州正白旗人。娘は宣統帝の生母。

●清朝皇帝系図

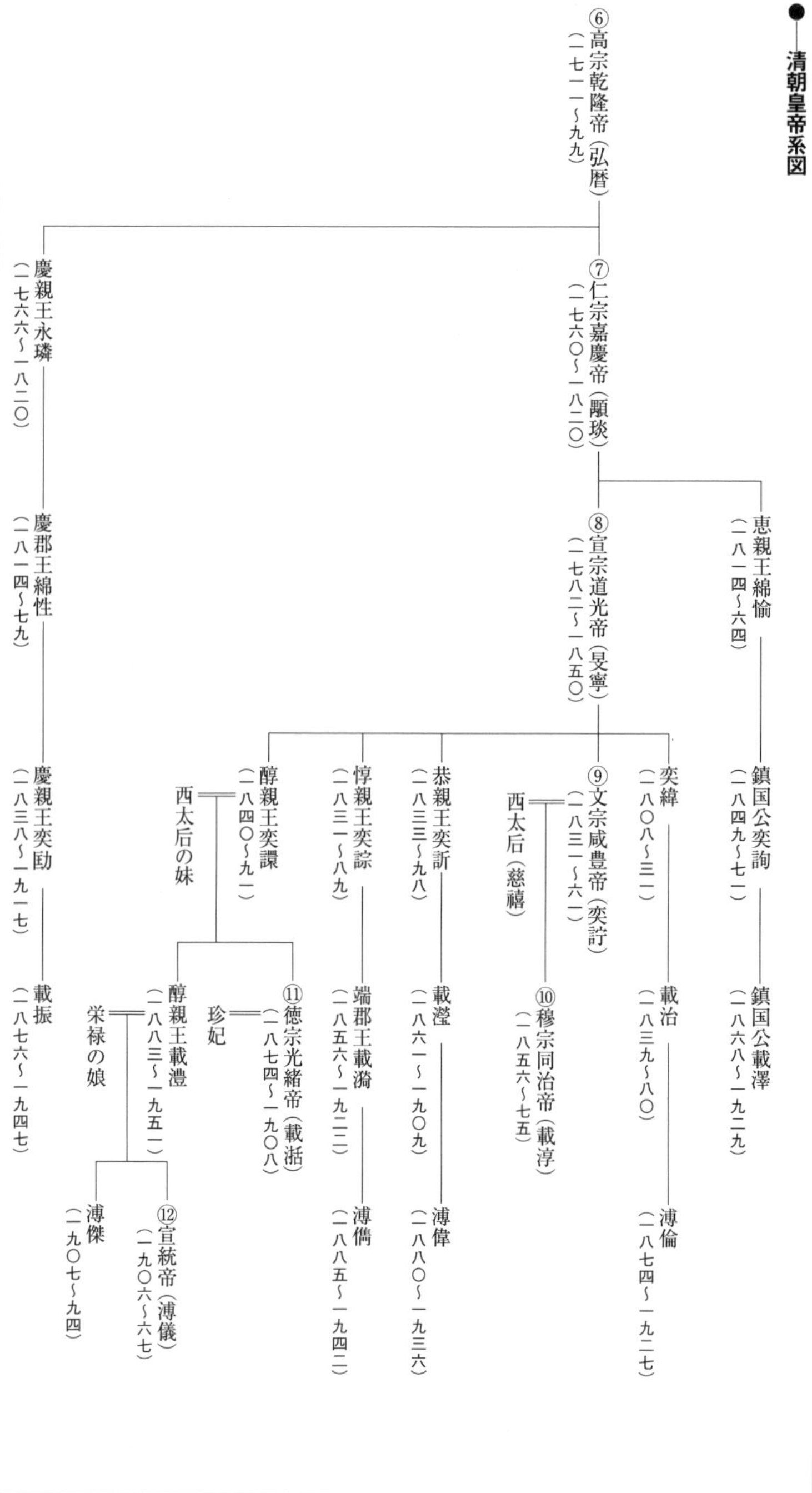
⑥高宗乾隆帝（弘暦）（一七一一～九九）
⑦仁宗嘉慶帝（顒琰）（一七六〇～一八二〇）
慶親王永璘（一七六六～一八二〇）
⑧宣宗道光帝（旻寧）（一七八二～一八五〇）
恵親王綿愉（一八一四～六四）
慶郡王綿性（一八一四～七九）
奕緯（一八〇八～三一）
⑨文宗咸豊帝（奕詝）（一八三一～六一）
西太后（慈禧）
恭親王奕訢（一八三三～九八）
惇親王奕誴（一八三一～八九）
醇親王奕譞（一八四〇～九一）
西太后の妹
鎮国公奕詢（一八四九～七一）
慶親王奕劻（一八三八～一九一七）
鎮国公載澤（一八六八～一九二九）
載治（一八三九～八〇）
⑩穆宗同治帝（載淳）（一八五六～七五）
載瀅（一八六一～一九〇九）
端郡王載漪（一八五六～一九二二）
⑪徳宗光緒帝（載湉）（一八七四～一九〇八）
珍妃
醇親王載灃（一八八三～一九五一）
栄禄の娘
載振（一八七六～一九四七）
溥倫（一八七四～一九二七）
溥偉（一八八〇～一九三六）
溥儁（一八八五～一九四二）
⑫宣統帝（溥儀）（一九〇六～六七）
溥傑（一九〇七～九四）

人顧問フォン・ハンネッケン▲は軍の近代化を提言した。光緒帝《こうしょてい》は失脚した李鴻章ののちの実力者であった軍機大臣翁同龢・栄禄の賛成を得て、胡燏芬に軍の編成を命じた。この計画は、しかし当初の計画に比べれば、かなり限定的なものだった。財政事情がからんでいたのである。日清戦争によって、洋務《ようむ》運動▲の成果の一つでもあった北洋海軍をほとんど失ってしまい、また、賠償金支払いにより近代化のための財源を喪失した清朝にとって、首都防衛のためには、残存した軍を基礎とするわずかな陸軍を強化するしかなかった。

　その後、胡は鉄道建設に従事することになり、異動した。そこで栄禄は袁を呼び寄せてためした。袁に建軍の方法を起草させたのである。それは清朝中枢を納得させるのに十分なものだった。最終的に袁世凱が前任者を引き継ぎ、新建陸軍の建設にあたることになった。袁はドイツおよび日本の制度を参考として軍律を厳格にするとともに、おもにドイツ人将校を招いて教官とし、厳しく部隊の訓練をおこなった。また、学堂を設置して士官の養成に努めた。天津武《ぶ》備学堂《びがくどう》(一九頁参照)の校長に任命された蔭昌《いんしょう》▲はもっとも優秀な学生を送り、建軍に協力した。こうして新軍には、のちの袁世凱の出世の基盤となった人材

▼フォン・ハンネッケン(中国名漢納根。一八五四〜一九二五)　ドイツ人。除隊後に来華し、天津で軍事教官を務めるとともに、李鴻章の副官となった。

▼洋務運動　清末における自強(近代化)運動。ヨーロッパの近代文明に倣い科学技術を導入して、清の建てなおしをめざした。

▼蔭昌(一八五九〜一九二八)　満州正白旗人。ベルリン公使館にて翻訳官を務めるとともに軍事学校にも入学し、帰国後に天津武備学堂校長となった。のち、陸軍大臣を務める。

西太后（一八三五〜一九〇八） 咸豊帝の第二夫人で、同治帝の生母。第一夫人を東太后と称するのに対して、第二夫人を西太后と称した。

張之洞（一八三七〜一九〇九） 清末の洋務派官僚・学者。二六歳で進士に及第した。山西巡撫に昇任して以降、地方長官を歴任し、地方で近代化推進に尽力した。一九〇七年、軍機大臣に昇任。袁世凱とともに位人臣を極めた。

段祺瑞（一八六五〜一九三六） 李鴻章と同郷。一八八五年に天津武備学堂に入学。八六年に新建陸軍に加入。「北洋の三傑」の一人と称される。

馮国璋（一八五九〜一九一九） 一八八五年に天津武備学堂に入学、九五年に渡日して軍事視察をおこなっている。のち、北洋軍閥の直隷派の首領となる。

▼姜桂題（一八四四〜一九二二）　清末民初の軍人。日清戦争時、敗北の責任を負わされて罷免されたが、袁により再登用されて新建陸軍の結成に従事した。

▼張勲（一八五四〜一九二三）　清末民初の軍人。清仏戦争・日清戦争に従軍、一八九五年に新建陸軍に参加した。一九一七年には清朝再興を試み、復辟事件を起こした。

▼按察使　清代の各省の長官である総督・巡撫の下僚で正三品官。おもに司法分野を担当した。

▼豆剖瓜分　豆や瓜を細かく切り分けること。ここでは分割されることの比喩的表現。

▼租借地　ある国に対して一定期限を区切って貸し与える土地のこと。

——姜桂題《きょうけいだい》▲、段祺瑞《だんきずい》、馮国璋《ふうこくしょう》、田中玉《でんちゅうぎょく》、曹錕《そうこん》、張勲《ちょうくん》▲、段芝貴《だんしき》、李純《りじゅん》、靳云鵬《きんうんほう》ら——も加わることになった。袁がめざしたのは職業的軍人の養成であり、これは北洋新政時にも継承された。のち、この軍隊は一八九六年十月、小站《しょうたん》を訪問したイギリス海軍のチャールズ・ベレスフォード（中国名貝思福）によって激賞されている。袁は改革の成果を朝廷に報告し、よりいっそう朝廷の信任を得ることに成功し、翌年七月、彼は直隷按察使《あんさつし》▲に任ぜられた。

清朝の改革と並行して、中国ではいわゆる「豆剖瓜分《とうほうかぶん》」▲が進行し、列強諸国による租借地《そしゃくち》▲が生まれ、外国資本による鉄道建設が進められていた。このような日清戦争後に生まれた危機的状況に触発され、光緒帝や康有為らによる自強をはかる変法的改革の気運が高まりつつあった。一八九八（光緒二十四）年六月十一日、「変法」が天下に布告され、改革が進められた。だが、周知のごとく、やがては改革派は政権内部の保守派と対立するようになる。軍権をもち、また、かつて対日強硬派でもあったことから、改革勢力から嘱目された袁世凱は焦点の人物の一人となった。このときに彼はわずか七〇〇〇人ほどの兵権を掌握しているだけであったが、康有為ら改革勢力はその軍隊の評判に鑑みて、袁を味

▼侍郎 清代において中央官庁(六部)において尚書につぐ役職。次官に相当。

方陣営に引き込んで後援とし、西太后らに対抗しようとした。袁もまた変法的近代化は必要不可欠と考え、書記生の阮忠樞《げんちゅうすう》(当時、挙人)をつうじて康有為と接近をはかり、一時、康有為らと関係を取り結んでいた。

一八九八年九月、光緒帝は袁世凱を北京に召喚して謁見し、彼を昇進させ兵部候補侍郎《じろう》▲に任じた。そして袁に決意を促すため、九月十八日、譚嗣同《たんしどう》が袁との交渉にあたった。しかしながら、この間、自らの権力の後退に危機意識をいだいた西太后らも光緒帝の廃位を画策し、両派の綱引きはまさにピークを迎えようとしていた。ではこのとき、袁世凱はいかなる行動をとったのか。

袁世凱の行動に関する叙述は、これまで梁啓超によって書かれた譚嗣同の伝記、および袁世凱自身の記述などに依拠しているものが少なくない。それらによれば袁は譚嗣同との談判において光緒帝を支持したものの、そののちに天津に呼び戻されて栄禄に面会した。光緒帝の身を憂慮するあまり、談判で知った康有為らの計画について栄禄に「報告」している。梁啓超らからすれば、袁の、この行動こそは「裏切り」で、これによって変法は瓦解せしめられたと認識していたのであった。しかし、政変そのものは、――西太后が康らの計画をすべて把握していたわけではなかったにせよ——袁の「報告」の前にすでに発動されていた。それゆえ、梁啓超らの記述をそのまま信頼することには躊躇を覚える。

光緒帝は、「変法」の布告後、まもなく帝師であった翁同龢を罷免したが、これは変法がますます急進化する契機となった。宮廷内では変法推進派と保守派とが激しいせめぎ合いを繰り広げていたが、西太后と光緒帝との「連繫」により両者のバランスはかろうじて平衡を保っていたといってよい。そして、このバランスの崩壊こそが政変を招来したのである。その契機は光緒帝の懋勤殿《ぼうきんでん》（議政機関のこと）設置政策、および外国人顧問採用政策の推進に対する西太后らの反対であるといわれている。袁世凱は権力闘争の渦中にあって、両派の力量を冷静に比較し、光緒帝らの行動を支持しなかったということである。袁はこの間の行動により、よりいっそう西太后の覚えめでたき存在になり、工部侍郎に昇進をとげた。

義和団事件

十九世紀最末期、ドイツの山東進出と比例するかのように義和拳《ぎわけん》▲(のち、義和団)の活動が活発化した。彼らは「順(扶)清滅洋」▲を旗印として掲げ、近代的施設や設備、キリスト教会などを攻撃の対象としていた。それもあってか、時の山東《さんとう》巡撫《じゅんぶ》毓賢《いくけん》は、彼らの活動を積極的に取り締まらず、義和拳の活動はますます活発になっていった。このような情況を憂慮した列強外交団は、清朝に対して義和団鎮圧を強硬に申し入れ、その結果、毓賢は更迭された。

毓賢の後任に任命されたのが袁世凱であった。袁は自らが育成した新軍を率いて赴任することを奏請して許しを得、山東に赴任した。袁はその精兵を駆使して討伐を推し進め、義和団は山東から隣省である直隷省に追いやられた。袁は山東において義和団鎮圧のみならず、この兵力をよりいっそう整備拡充することに努め、山東におけるドイツの動きを牽制した。また彼は徴税方法を工夫して財政力を強化した。その効果はすぐに袁の政治的資源となった。これにより、袁は自身の軍隊の拡充を実現できたと同時に、八カ国連合軍▲に追われるようにして西安に逃れた西太后らを援助できたのであった。

▼義和拳　梅花拳の一支脈。そもそも明末清初に山東・直隷などで広まった。

▼順(扶)清滅洋　山東の義和拳首領の趙三多、閻書勤が起義発動の際に唱えたとされるスローガン。清をたすけて洋(外国、外国人)を滅すべしという意味。

▼八カ国連合軍　義和団鎮圧のために派遣された軍隊が、八カ国(イギリス、フランス、アメリカ、ロシア、ドイツ、オーストリア=ハンガリー、イタリア、日本)から成ることから、このように呼ばれる。

戊戌変法を弾圧したのち、西太后ら保守派は光緒帝を廃位しようとした。一九〇〇年一月、愛新覚羅載漪《さいい》▲の子で十五歳の溥儁《ふしゅん》を太子とし、さらに皇帝に擁立しようとしたが、父が義和団と深い関係にあったことから列強公使らをはじめとして、各方面から支持を得られなかったという。そこで保守派は義和団を利用して外国勢力の排除を画策した。これにもっとも積極的だったのが載漪・剛毅《ごうき》▲ら王公大臣たちであった。列強諸国の干渉を不快に思っていた西太后もこれを容認した。西太后は六月二十一日、列強十一カ国に対して宣戦を布告するとともに、各省督撫《とくぶ》▲に対して出兵を督促する命をくだした。では、このときの袁の行動はいかなるものであったのか。袁は、李鴻章(両広総督)・張之洞(湖広総督)・劉坤一《りゅうこんいつ》▲(両江総督)らとともに東南互保の計に参加し、戦況が明らかでないという口実により、北京への軍の出発を遅らせ、かつ山東省内の義和団掃討を進めるとともに、外国人の生命財産の保護に努めたのであった。

そして、六月中旬、八カ国連合軍がまさに天津攻撃にとりかかろうとするころ、主戦派の一人、直隷総督裕禄《ゆうろく》▲は配下を袁のもとに派遣し、天津に援軍派遣を要請した。このときも袁は、さまざまな口実を設けて自身の錬成した軍隊を

▼**載漪**(一八五六〜一九二二)　西太后の甥で光緒帝のいとこにあたる。義和団事件の主犯とされ、新疆に追放された。

▼**剛毅**(一八三七〜一九〇〇)　満州鑲藍旗人。日清戦争時に軍機大臣となり、その後の戊戌変法に反対した。兵部尚書(長官)に昇任して八カ国連合軍と開戦したが敗れ、西太后らとともに西に逃れる途中、山西にて死去。

▼**督撫**　地方長官の名称。総督と巡撫。総督は正二品、巡撫は従二品。

▼**劉坤一**(一八三〇〜一九〇二)　湖南省出身。湘軍に参加して太平天国との戦いに従事した。一八六四年に江西巡撫に昇任して以後、地方長官を歴任した。

▼**裕禄**(一八四四〜一九〇〇)　満州正白旗人。一八九八年、軍機大臣となる。八カ国連合軍との戦に敗れ、服毒自殺した。

温存し、容易に派遣しようとはしなかった。以上のような行動の結果、袁世凱は自軍の精鋭を温存できたとともに、よりいっそう外国人からの信頼を獲得し、彼の名は広く知られるようになった。連合軍総指揮官ワルデルゼー(中国名瓦徳西)は袁世凱の保護活動に対して感謝の意をあらわす通電をしている。また、八カ国連合軍との戦闘により、袁世凱所管以外の新軍は、いずれも壊滅させられてしまい、唯一、自軍が残ったことは、袁にとってその後を切り開く重要な政治的資源となった。

さらに、袁は他の地方督撫に比して積極的な行動をとった。彼は、西太后と光緒帝が北京を脱して西行するのを知ると、配下の兵を山西省の太原《たいげん》に派遣してこれを護衛させるとともに、銀二〇万両および物資を、行在《あんざい》に送り届けさせた。さらに、北京で講和条約締結のための交渉が始まると、配下の姜桂題に兵を率いて北上させ、西太后の帰京のために義和団の残党を掃討させるとともに、講和に関する袁の意見を全権代表であった慶親王奕劻《けいしんおうえききょう》▲、李鴻章に伝達せしめた。これを契機として、袁は慶親王との関係を構築することができた。一九〇一年十一月、李鴻章は北京にて没したが、その際、李は遺摺《いしょう》▲において袁を自身

▼慶親王奕劻(一八三八〜一九一七) 清の皇族。義和団事件時に総理衙門大臣、のち一九〇三年に軍機大臣、一一年には内閣総理大臣となる。

▼遺摺　臨終に書き残した上奏文。

の後任に推薦した。その効果があってか、袁は直隷総督兼北洋大臣署理(代理)に任命され、昇進をとげたのであった。

山東巡撫として袁は内政にも積極的に従事した。彼は広東・湖北両省に倣い、銀貨(圓銀)鋳造に着手し、配下の道員を日本に派遣して調査をおこなわせ、機器などを購入させた。また学校の設置にも取り組み、山東省における興学の基礎を築いた。

②―清末の新政

清末の新政と袁世凱

西安へ蒙塵《もうじん》した西太后《せいたいこう》は北京議定書▲の調印ののち、西安の行在において上諭《じょうゆ》を発し、清の強化をはかり、近代化を達成すべく新政実施に大きく舵を切った。皮肉なことにかつて自身が圧殺した「変法」を、自ら実施するべく天下に宣言を発したわけである。あわせて、西太后は新政に関する意見の具申を下命した。これに対して各省督撫《とくぶ》からの上申でもっともよく知られているのは、張之洞《ちょうしどう》・劉坤一《りゅうこんいつ》が共同で三回にわたって上奏した「江楚会奏変法三摺《こうそかいそうへんぽうさんせつ》」▲であるが、これとは別に袁世凱《えんせいがい》もまた十カ条にわたって上奏している。新政期の具体的諸政策は、これら督撫らのリーダーシップのもと、推進されていった。袁はこのとき、直隷《ちょくれい》総督兼北洋《ほくよう》大臣(代理がとれたのは一九〇二年六月九日)を含めて合計十一もの役職を兼務する重責を担っており、新政に関しても中央政治・地方政治の両方において重要な役割をはたしている。

李鴻章《りこうしょう》のあとを受けた袁は一九〇一年十一月、山東を離れて直隷に入った。

▼北京議定書　一九〇一年九月七日、北京で調印された義和団戦争に関する最終議定書。辛丑条約ともいう。

▼江楚会奏変法三摺　一九〇一年、新政実施の上諭が布告されたのち、劉坤一、張之洞が中心となり三回にわたって提出された奏請のこと。これの作成には張謇、湯寿潜(一八五六〜一九一七、清末民初の政治家、実業家)らも加わっていた。

当時の直隷総督衙門は保定《ほてい》にあった。このとき、華北地域にはなおまだ八カ国連合軍が駐屯しており、天津には都統衙門▲が設けられ、列強勢力の管理下におかれた。かつまた義和団勢力が残存してもいた。そのような状況において、袁に求められた使命は、混乱のおさまっていない華北の状況を回復させ、治安の維持を確保することであった。そのためには、内陸部の保定ではなく、従来から華北の政治・経済の中心地である天津の回収が不可欠となった。列強の天津返還の条件とは、政権内部に親列強的政治勢力が登場し、列強諸国が中国へよりいっそう進出するための情況が整備されることであった。そして袁世凱の直隷総督就任は、天津回収のための条件が満たされたことを意味した。袁が山東巡撫《じゅんぶ》時代にとった行動——義和団の弾圧と東南互保の推進——は、欧米列強からの信頼を獲得するのに十分なものだった。

天津の回収交渉には、袁のブレーン的存在であった唐紹儀《とうしょうぎ》の交渉力が大いに役立ったという。袁世凱と唐紹儀との関係は、袁がかつて総理朝鮮交渉通商事宜を務めた朝鮮時代に遡る。袁は異動の際に唐をともなってやってきたのであった。袁は唐を天津海関道▲道員に任命したが、その交渉力の甲斐あってか、一

▼**都統衙門**　八カ国連合軍によって設置された天津統治のための組織。暫行管理津郡城廂内外地方事務都統衙門のこと。

▼**海関道**　道員の一種。巡撫の委任を受けて海関を管理し、関税を受領する。兼職がほとんどであるが、天津海関のみは専員をおく。

九〇二年八月十五日、天津は正式に回収され、袁は天津入りをはたした。そしてこれ以降、天津を中心として近代化政策が展開されることになった。袁は、多くの日本人を顧問として招聘した。さらには、直隷省の官僚や民間人に旅費を支給し、積極的に日本に派遣・留学させて学ばせるとともに、帰国した留学生らを登用した。これを「北洋新政」と称する。以下に北洋新政の主要なものを紹介してみよう。

軍事改革

清朝、そして袁世凱が真っ先に取り組んだ課題は、軍事面の強化であった。日清戦争後、彼が近代的軍隊の建設に真摯に取り組んできたことは、すでに述べたところである。袁は義和団事件をつうじて、さらなる軍備増強の必要性を認識したのであろう。彼は陸軍の強化に意をそそいだ。当時、北京議定書の規定により外国からの武器の購入がなおまだ禁じられていたことから、まず組織、訓練面の強化から着手せざるをえなかった。強力な軍隊をつくり上げるためには、強い兵士が不可欠である。一九〇二年初め、袁は新軍募集操練規則を定め、直隷省の農村において兵士のリクルートをおこなった。召募条件は年齢二〇〜二五歳、身体が頑強で、アヘンを吸わず、また前科のない者、であった。当時の日本人と中国人(北方人)の体格面について興味深いデータが存在している。日本人の場合、一九一〇(明治四十三)年以後の数年間の徴兵検査のデータによれば、身長は五尺一寸から五尺三寸の者が最多、五尺五寸以上六尺以下は四・三九%にすぎず、五尺未満は一二・七九%もの割合であったという。一方、日露戦争当時(一九〇五年)に大連に滞在した日本人軍医の実施した体格検査によれば、中国人の平均身長は五尺五寸一分であったという(一尺は三〇・三センチ)。

頑強な体格をもった者であっても、十分な訓練をほどこさねば、より強い兵士とすることはできない。かつての袁の武衛右軍はドイツの軍隊に倣《なら》って編成されていたが、このころには日本の影響が大きくなっていた。この改革をへて軍事顧問には日本人も加わり、また士官養成のために五〇人を選抜して日本の陸軍士官学校に学ばせた。中国の物言いで「好鉄不打釘 好人不当兵」(良い鉄は釘にならない、良い人間は兵にならない)というものがあるが、これは大まかにいうならば兵士になる人間はろくな人間ではない、という伝統的な兵士観を示しているといってもよいだろう。だが袁世凱の新軍の場合、将校はかならず文字につうずることが要求され、一般兵士のなかにも文字を識《し》る者が多かったという。彼らは天津武備学堂《ぶびがくどう》▲や保定(速成)武備学堂▲などの軍事学校で十分に教育され、専門的職業軍人として養成された将兵であった。この軍隊は当時の中国の社会構造を反映している点においても興味深いものがある。将校の人材供給源は直隷あるいは華北の地主・郷紳《きょうしん》などいわゆる地域エリートの子弟であり、一方、兵士の供給源が一般農民であったことである。これは当時の郷村における地主——中小自作農・小作農というヒエラルヒーを反映していたともいえる。

　軍事改革はやがて全国的にも実施されることになり、一九〇三(光緒二十九)年十二月、袁の提言を容《い》れて練兵処が設置されるにいたり、慶親王奕劻《けいしんのうえききょう》が総辦に、そして袁は会辦《かいべん》(総辦の輔佐官)となって実権を握った。同処は実質的には全国の軍政の中心であった。また、武器の購入禁止が解かれると、袁は日本の三井や大倉などの商社から武器弾薬を大量に購入して着々と整備し、一九〇五年六月には全六鎮の北洋軍が完成するにいたった。これに加えて、改革のために、袁を頂点とした軍制統一のための機関(軍政司、のち督練公署《とくれんこうしょ》、袁はその督《とく》

▼天津武備学堂　陸軍の軍人を養成するための西洋式の軍事学校。李鴻章により、一八八五年に設立された。

▼保定(速成)武備学堂　袁世凱が保定に設立した軍事学校で、一九〇三年に開学。北洋速成武備学堂ともいう。初代督辦(校長)は馮国璋。日本人総教習として多賀宗之(陸軍少佐)も招聘されていた。

辦《べん》)を組織し、参謀・教練・兵備の三処を設置し、自身のもとに子飼いの部下であった段祺瑞《だんきずい》・馮国璋《ふうこくしょう》・劉永慶《りゅうえいけい》▲を三処の総辦として配置した。また、日本に倣い、系統的に軍事学校を設立した。そして一九〇七年八月、清朝は北洋軍を手本として、新軍を全国的に建設することを決定した。

教育改革

新政を開始してから、やがて清朝は立憲国家への道を選択し、教育改革を断行して国民の養成を模索するようになった。そのもっとも大きな変更点は、科挙の廃止と学校教育の推進であった。科挙廃止に関しては袁世凱は張之洞らとともに、非常に大きな影響力をおよぼしたことは広く知られているところであるが、袁が管轄する直隷省でも大いに教育改革は推進された。

袁は一九〇二年五月、胡景桂《こけいけい》を学校司督辦に任命し、翌年、日本に派遣し視察させた。胡についで学校司督辦に任命された厳修▲は、たびたび日本を訪れて視察し、組織的かつ長期的展望にたって学校教育の普及をめざした。袁は、さらに天津駐在アメリカ副領事チャールズ・テネー▲を西学総教習に、またちょう

▼**劉永慶**（一八六二〜一九〇六）　河南項城人、袁家と親戚関係にあった。一八八五年、袁とともに朝鮮へも赴いている。

▼**厳修**（一八六〇〜一九二九）　原籍は浙江省、直隷の生まれ。一八八三年、進士に及第した。貴州学政をへたのち、一九〇四年、直隷学校司督辦となる。また、一九〇二、〇四、一一年に日本を訪れ、教育の視察をおこなった。

▼**チャールズ・テネー**（中国名丁家立、一八五七〜一九三〇）　ボストン生まれ、アメリカ公理会教師。一八八二年に来華、山西省大谷で布教活動に従事した。八六年、天津に行き、李鴻章の英語家庭教師となった。九五年、天津駐在アメリカ副領事となる。

ど文部省令を奉じて華北の教育事情を視察中であった東京高等師範学校教授と東京高等師範学校附属音楽学校長とを兼任していた渡辺龍聖《りゅうせい》▲を学務高等顧問として招聘した。渡辺は一九〇九年十二月に帰国するまで、およそ七年間にわたって顧問を務めることになった。

李鴻章時代に直隷省にはすでにいくつかの学堂が発足していたが、袁世凱時代にいたるとさらに二〇あまりの学堂が設置されて人材育成が進められた。そのために、渡辺をはじめとする十数人の日本人顧問・教習（教員）・翻訳官が招聘された。彼らは学校司の業務に従事するとともに、日本の教育専門書や教科書を中国語に翻訳した。かつ、十一人の日本人教習は直隷師範学堂において教鞭を執り、教員養成に従事した。そして日本の制度を参考に、天津を中心として直隷各地に勧学所を設置し、地域社会における初等教育機関（小・中学堂）の設置・管理・運営を管掌させた。また、一九〇五年以後、日本の制度に対する理解を深め、制度の浸透を促進するために、積極的に同省の官紳《かんしん》▲を日本視察に派遣させてもいる。

▼渡辺龍聖（一八六五〜一九四五）現在の新潟県長岡市生まれ。東京専門学校（現在の早稲田大学）に学んだのち、アメリカに留学し、帰国後、東京高等師範学校教授となる。

▼官紳　官僚と紳士。

治安維持

義和団取り締まりをつうじて列強からの信頼を獲得してきた袁世凱にとって、列強の管理からようやく返還された天津の都市行政を管理し、北洋新政を安定的に推進するには、治安の維持がなににもまして重要であった。なにしろ天津は周辺の農村からの流入で人口が急激に増加し、かつまた義和団事件によって生じた秩序の混乱がまだ十分に回復してはいなかった。列強管理下においては、天津では都統衙門は、治安維持のために巡捕を設けた。そこで袁が創設したのが西欧的な警察組織としての巡警であった。その具体的準備に深くかかわったのが袁が抜擢した趙秉鈞《ちょうへいきん》▲だった。かつて袁は伊藤次郎・外務省警部原田俊三郎を招聘して一九〇二年、保定に警務総局を設置した。このとき、袁世凱の命を受けた趙は、警務学堂▲を設置した。天津還付後は統合再編して巡警学堂▲を天津に設置、中国に駐在していた三浦喜伝らを教師として招聘し、近代的な警察制度の樹立、人材の育成に尽力した。このような巡警の創設は全国的にも先駆であり模範とされるものであった。

▼趙秉鈞（一八五九〜一九一四）　河南省汝州の生まれ。一八七八年に左宗棠の楚軍に加わり、九九年に直隷保甲局総辦となる。翌年、義和団鎮圧に功績をあげ、袁世凱に賞せられ、知州となり、のち、保定巡警局総辦、天津南段巡警局総辦となる。

▼警務学堂　警務を学ぶための西洋式の学校のこと。

▼巡警学堂　巡警を養成するための西洋式の学校。『清国行政法』では巡警を巡査としている。

衛生事業

天津還付の条件として、引き続き衛生局の存続が求められた。袁世凱はこれを衛生総局と改称、フランス軍医メニー（中国名梅尼、北洋海軍医学堂の総教習でもあった）を顧問とし、また北洋医学堂の卒業生をその職員に採用して衛生行政を推進させた。また、一九〇四年五月には、北洋防疫医院を設立して種痘、狂犬病血清の製造を手がけ、治療にあたらせた。ここでは北洋軍医学堂総辦の徐華清▲が総辦を兼任し、古城梅渓《こじょうばいけい》▲が院長を、また西村豊太郎が教習を担当した。

袁世凱はアヘンの取り締まりにも強い関心を示し、朝廷に対しては両江総督劉坤一、湖広総督張之洞と連名でアヘン専売制を上奏して、その漸禁的取り締まりを訴えた。彼の統治する直隷省では、一九〇六年の禁煙の上諭にもとづいて天津市内・租界を問わずアヘン館の営業を禁止し、閉鎖させた。また、日露戦争後の一九〇四年夏には赤十字社を興してもいる。

監獄制度の改良

北洋新政では上述したこと以外にも、数多くの改革が実施された。監獄制度

▼**徐華清**（一八六一〜一九二四）　広東省出身。ドイツに留学し、一八八八年に医学博士を取得、翌年に帰国した。

▼**古城梅渓**（一八六〇〜一九三一）　現在の大分県国東市の生まれ。一八八三年に大分県立医学校を卒業し、一八八六年に日本公使館付の医官として京城に赴任した。袁と古城とは、かつて朝鮮にて知り合い、旧交すこぶる厚かったという。一九〇三〜〇八年まで清に出張、北洋新政に加わった。

改革もその一つであった。これは前述した張之洞・劉坤一によって上奏された変法策にも盛り込まれており、また、中国の治外法権(領事裁判権)条項の撤廃とも深くかかわるものと認識されていた。これをもっとも早く、各地に率先して実施しようとしたのが袁世凱であった。一九〇三年、〇四年、〇六年と、数回にわたって日本へ人員を派遣し監獄を視察させている。そして、重大犯罪者以外の既決者(そのほとんどは下層民・貧窮民)に工芸技能を習得させて出所後の生活手段を得させるため、天津・保定に犯罪習芸所を設置した。とりわけ天津の習芸所は清国内で注目され、各地からの見学者があとを絶たなかった。司法改革は欧米と取り結んだ不平等条約撤廃を視野にいれた重要な施策でもあった。実際にマッケイ条約▲第十二条において、イギリスは中国の司法が改革されたあかつきには領事裁判権の撤廃に応ずる用意があるとしている。

▼**マッケイ条約**　一九〇二年九月五日締結の英清改訂条約のこと。

実業振興と鉄道政策

すでに述べたように袁世凱は義和団を強力に弾圧したが、治安維持にとって、これは対症療法にすぎない。根本的には民衆生活の安定がカギとなる。そのた

●清朝末期の東北地域鉄道網

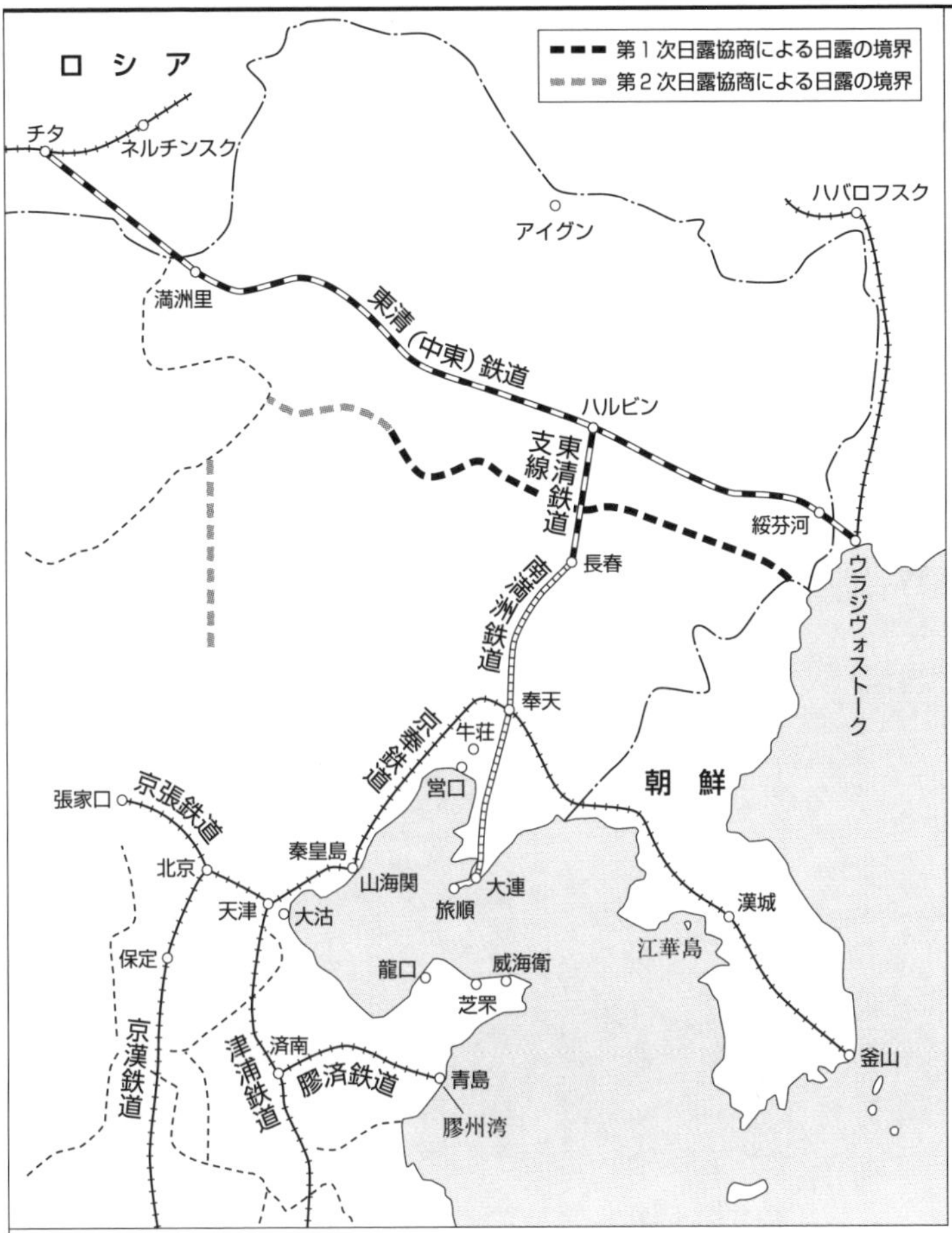

め、袁は直隷省や天津での実業振興にも積極的に取り組んだ。彼は農業技術の改善・普及のために保定に農務総局・農務学堂・農事試験場などを設置し、日本から農学士楠原正三▲を招聘した。また、工業学堂を設置するとともに、周学《しゅうがく》熙《き》▲に命じて天津に工芸総局を設立し、工学士藤井恒久を招いて工業の振興を推進させた。周らは、さらに啓新洋灰公司《けいしんようかいこうし》や灤州《らんしゅう》鉱務公司など、近代的な鉱工業企業も設立し、経営していった。これら諸事業の資金源は、周学熙が経営にたずさわった北洋銀元局における銅元（銅貨のこと）の鋳造利益であった。

日清戦争後に列強諸国に資本投下の道が開かれると、中国への資本進出が著しく拡大した。なかでも鉄道敷設は投資の焦点となり、列強各国の銀行団は鉄道建設のための借款《しゃっかん》を供与した。このような趨勢のなか、袁世凱は借款に依拠しないで資金調達をし、また外国人技師に頼ることなく詹天佑《せんてんゆう》▲を主任技師として、二二〇キロにもおよぶ京張鉄道▲の敷設を実現したのであった。

直隷地方自治

近代的地方自治はそれまでの中国にはなかったものである。その実施のため

▼楠原正三（一八六三〜一九一八）　現在の熊本県出身。東京の官立農学校に入学し、一八八六年に卒業した。その後、宮崎県立中学校、長崎県立師範学校、山梨県立師範学校の教師を歴任する。九〇年、佐賀県農事巡回教師となる。九三年、福岡県農事試験場長となり、以後、山口県農事試験場長（九五年）・茨城県技師勧業課長（九九年）などをへて、一九〇二年四月、清国政府に招聘された。

▼周学熙（一八六六〜一九四七）　清末民初の経済官僚・実業家。一八九四年に挙人となる。九八年に当時の北洋大臣裕禄の命により開平鉱務局会辦となり、のち総辦となる。一九〇二年、袁世凱に請われ北洋銀元局総辦兼天津官銀号総辦となった。〇三年には日本視察もおこなっている。

▼詹天佑（一八六一〜一九一九）　中国の最初の鉄道技師。一八七二年に渡米し、小・中学校で学んだのち、七八年にイエール大学に入学し、土木工学と鉄道工学を学んだ。八八年に中国鉄路公司にはいり、イギリス人技師のもとで鉄道建設に従事した。

には、まず、地方自治に関する知識の普及が不可欠であった。そこで袁は、天津県を実験地に選び、天津知府凌福彭《りょうふくほう》・翰林院《かんりんいん》▲検討(従七品)金邦平《きんほうへい》に準備を命じた。そして、天津の自治をおこなうための準備組織をつくり、日本から帰国した留学生らを配置した。これが一九〇六年八月に設立された天津自治局であった。さらに天津初級師範学堂内に地方自治研究所を設置して、天津府下の各県から人員を派遣させ、地方自治推進に必要な人材の育成をはかった。そして直隷天津県地方自治章程《しょうてい》▲を公布して地方自治の準備を進めていき、一九〇七年七月、試辦天津県議事会が成立するにいたった。

さて、この北洋新政時期は、袁世凱やのちの袁世凱政権にとって、あるいは日本にとっていったいいかなる意味をもつ時期であったのか。

第一に、袁の積極的な指導のもとにさまざまな改革を実践したが、これはたちまちのうちに各地の新政実施の模範とされたことに注目しなければならない。袁世凱は軍事的側面にのみに限定された改革者ではなく、まさに開明的、先進的、改革的官僚としての評価を内外に確立できたのである。

第二に、このような改革推進の原動力は、まさに人材であった。軍事面はも

▼**京張鉄道**　北京と張家口とを結ぶ。一九〇九年十月に開通。

▼**翰林院**　清代においては書籍の編纂や詔勅の起草をおこなった。

▼**直隷天津県地方自治章程**　一九〇六年八月に成立した天津自治局で作成された試辦天津県地方自治草案を基にして作成された。全一一一条からなる。

とより制度設計・財政政策・産業振興・外交等々に積極的に人材を登用して政策実施に腕をふるわせた。人材登用にあっては中国人の伝統的紐帯——血縁と地縁——に拘泥せず、広く多様な人材を採用したのであった。これらの人々は近代性をもった専門家集団という、新しい結合形態である。そしてこれらの人材集団は、辛亥革命後に成立する袁世凱政権を支える存在となった。

第三に、日本との関係について。日清戦争前後、清の外交政策を主導したのは周知のごとく李鴻章である。一八九六年、李はロシア外相ロバノフ▲、蔵相ウィッテ▲とのあいだで満州におけるロシアの広範な権益を認め、かつ日本を仮想敵国とする軍事同盟(第一次露清密約▲)を取り結んだ。さらに義和団事件に乗じて一九〇〇年十一月、ロシアは清とのあいだに第二次露清密約を締結し、東清鉄道▲沿線のみならず満州全体の軍事・行政権を握った。

義和団事件後の一九〇二年四月、満州還付に関する露清条約(交収東三省条約)が結ばれ、ロシア軍の満州からの段階的撤退が取り決められたが、ロシアはこれを十分に履行しなかった。その結果、日露戦争が勃発した。その戦場が清の領土内であったこともあり、清は重大な関係国となってしまった。ところ

▼**ロバノフ**(一八二四〜九六)　第一次露清密約締結時のロシアの外相。駐ロンドン大使・駐ウィーン大使・駐ベルリン大使などを歴任ののち、一八九五年に外相に就任。山県—ロバノフ協定をも結ぶ。

▼**ウィッテ**(一八四九〜一九一五)　ロシアの政治家。運輸大臣・大蔵大臣・首相などを歴任した。ポーツマス条約締結の際には、ロシア側の全権代表を務めた。

▼**第一次露清密約**　「李—ロバノフ協定」とも称する。

▼**東清鉄道**　第一次露清密約でロシアが得た鉄道敷設権により、満州北部に建設された鉄道のこと。

が李鴻章とは異なって、袁は親日的態度をとり、日露戦争が始まると、かつて李鴻章がロシアと取り結んだ露清密約が慶親王奕劻によって暴露されるにいたるや、張之洞・劉坤一らと呼応してこれに反対した。内外の反対が強まった結果、露清密約はついに廃棄されるにいたった。

では、清は日露間にあって、いかなる立場を選択したのであろうか。ロシアはさまざまなルートを使い、清をロシア側に引き寄せようとしたが、清は局外厳正中立を維持することにした。その背景にあったのが北洋新政において日本人顧問を採用し、かつ直隷官民をさかんに日本視察に派遣していた袁世凱らの上奏であった。しかも袁の関与はこれのみに限定されず、ロシアが兵器を満州に移送しようとした際には、これを摘発して差し押さえるなどの、日本に対する好意的中立の姿勢をとった。

科挙廃止と立憲制度採用の上奏

袁世凱の新政に関する功績は、単に自身の統治下の直隷に関するものだけではなかった。中国全体に関係し、しかも中国の行く末を左右する方向転換にも深く関わりをもっていたのである。その第一は科挙廃止に関するものである。清朝は一九〇一年一月に「変法の詔」を発布し、改革の実施をふたたび天下に布告した。改革は多岐にわたるものであったが、そのなかでもっとも重要な施策の一つは、科挙を停止して学校教育を開始する教育改革であった。この口火を切ったのが、一九〇五年九月の袁らの奏請であった。ここにおいて官僚登用の方法は大きく変わり、また、国民形成のために学校教育への移行が本格化し、海外留学生の急増現象が巻き起こった。

清末の新政は近代化を志向するものであったが、それはかならずしも当初から立憲制度の採用を明示していたわけではなかった。しかしながら東西各国に留学した者たちが口々に立憲政治の実施を唱えるようになり、かつまた内外には革命を企てる動きがあらわれるようになった。このような情況に鑑み、科挙停止の奏請に先立つ同年七月、袁世凱らは革命風潮を抑え込み、清の自強をはかるべく立憲政治の実施を上奏するにいたった。それを受けて、清朝は海外の事例を参考とするために同年九月、載澤《さいたく》▲、徐世昌《じょせいしょう》、端方《たんほう》▲、戴鴻慈《たいこうじ》▲、紹英《しょうえい》の五人を出洋考察大臣として各国に派遣し、視察に努めさせようとした。ところがこ

▼**載澤**(一八六八〜一九二九)　愛新覚羅載澤。出洋考察五大臣の一人。日本および西洋各国に派遣された。

▼**端方**(一八六一〜一九一一)　清末の開明的官僚、出洋考察五大臣の一人。一八八二年に挙人となり、以後、各地で道員や布政使を歴任ののち、湖北巡撫・直隷総督などに就任した。また、一九〇五年には憲政準備のために、日本をへて西洋各国に派遣され視察した。

▼**戴鴻慈**(一八五三〜一九一〇)　清末の官僚、出洋考察五大臣の一人。一八七六年に進士となり、各部の侍郎・尚書を歴任し、一九〇五年には西洋各国に派遣され、議院などを視察した。

▼**載灃**(一八八三〜一九五一)　光緒帝の弟で、宣統帝溥儀は長男。溥儀が幼くして帝位につくと摂政となり、実質的に政治を取り仕切った。

▼**鹿伝霖**(一八三六〜一九一〇)　清末の官僚。一八六二年に進士となる。八三年に河南巡撫となったのち、巡撫・総督を歴任し、一九〇〇年以降は各部の尚書・軍機大臣も務めた。

れらの五大臣が出発するにあたり、北京の前門において革命党員呉樾《ごえつ》が投げつけた爆弾により徐世昌・紹英が負傷した。そこでこの二人にかえて同年十月、尚其亨《しょうききょう》・李盛鐸《りせいたく》を加え、予定より遅れて同年十二月、二班に分かれて出発した。また、同年十一月、考察政治館を設立し、世界の先進各国の政治システムのなかで中国に適合的な制度を見定めるための研究をおこなうことを決定した。

そして翌一九〇六年七月、五大臣は視察の任務を終えてあいついで帰国した。なかでも立憲制の採用に熱心だったのは端方・戴鴻慈で、二人は帰途、上海から各省督撫に打電して立憲政体実施に関する意見を問い、天津では袁世凱を訪ねて熟議した。おそらくこれを受けてのことであろう。八月十一日、袁もまた立憲準備の実施を奏陳した。そして、北京にもどるや載澤らは憲政施行を奏請するにいたったのであった。西太后は載澤の意見を激賞し、出洋大臣らを七回も召見したという。しかしながら、これに反対する保守派の抵抗も激しく、立憲制採用の可否は容易に決しなかった。

八月二十七日、清朝は御前会議を開催した。出席者は醇親王載灃《じゅんしんのうさいほう》▲、慶親王奕劻、鹿伝霖《ろくでんりん》▲、瞿鴻禨《くこうき》▲、栄慶、徐世昌、鉄良《てつりょう》▲、孫家鼐《そんかだい》、張百熙《ちょうひゃっき》▲、王文韶《おうぶんしょう》▲、世続《せぞく》、

▼**瞿鴻禨**（一八五〇～一九一八）　清末の官僚。一八七一年に進士となる。一九〇〇年、工部尚書となり、また軍機大臣に任ぜられた。立憲改革時に外務部が設立されると、初代の尚書にも任命された。

▼**鉄良**（一八六三～一九三八）　直隷総督栄禄の幕僚をへたのち、戸部・兵部侍郎となる。一九〇三年、日本へ渡り、軍事を視察し、帰国後、練兵大臣となり、袁世凱に協力して建軍に努めた。〇六年、陸軍部尚書となると、自己の勢力の拡大をはかり、袁に対抗しようとした。

▼**張百熙**（一八四七～一九〇七）　清末の官僚。一八七四年に進士となる。一九〇二年に管学大臣となり、いわゆる欽定学堂章程、奏定学堂章程の起草に尽力した。

▼**王文韶**（一八三〇～一九〇八）　清末の官僚。一八五二年に進士となる。湖南巡撫代理などをへて、李鴻章ののちの直隷総督兼北洋大臣代理となる。この間、軍事・教育・地域防衛に尽力した。のち、戸部尚書となり、軍機大臣を兼任した。

那桐《なとう》、そして袁世凱であった。会議は醇親王が議長となり、載澤、端方が説明役を務め、議論が戦わされた。鉄良・栄慶が立憲制採用に反対し、王文韶・鹿伝霖・瞿鴻禨はどっちつかずの態度をとったが、他の大臣は賛成の意を表明したという。その結果、ついには立憲制採用に決し、九月一日、清朝は預備立憲《よびりっけん》の詔を発し、立憲君主制実施へと大きく舵を切ることになったのである。袁は立憲制を積極的に推進する立場に立ち、保守派と対峙したのであった。

立憲制の実施

預備立憲宣布後、改革は伝統との調和を意識しつつ進められ、まずは官制改革から着手された。また、各国の制度視察では単なる情報の収集・検討にとどまらず、どのシステムが清朝にもっとも適合的であるかを判断し、選択しなければならなかった。そのために、出洋考察大臣らの報告をもとに分析を重ねて絞り込みがおこなわれた。その結果、最終候補としてイギリス・ドイツ・日本に的が絞られ、各国の制度をより詳細に調査するために、一九〇七年九月、汪《おう》大燮《だいしょう》▲、于式枚《うしきまい》▲、達壽《たつじゅ》▲の三人が考察憲政大臣に任命され、各国へ派遣された。

▼**汪大燮**（一八五九～一九二九）　清末民初の官僚・政治家。一八八九年に挙人となり、戸部や総理衙門の官僚となる。一九〇二年に日本留学生監督、そして〇五年には出使英国大臣（駐英公使）となった。その後、外務部右侍郎に昇任するとともに、考察憲政大臣に任ぜられた。

▼**于式枚**（一八五三～一九一六）　一八八〇年、進士となる。李鴻章の幕僚を長年務めるとともに、兵部主事・郵伝部侍郎などをへて、考察憲政大臣に任ぜられた。

▼**達壽**（一八七〇～一九三九）　満州正紅旗人。李鴻章の幕僚を務める。一八九四年に進士となる。兵部主事・学部右侍郎などをへて、考察憲政大臣に任ぜられた。

一方、このような外国視察と並行して、国内でも各地域事情の把握とそれを考慮に入れた立憲準備が進められた。一九〇七年八月、清朝は考察政治館を発展的に改組して憲政編査館を設置した。日本の例に倣って同館には編制局と調査局とが設けられ、前者はおもに法や制度の整備を担当し、後者は各省の政俗調査を実施し、社会事情の分析を担当した。憲政編査館は急ピッチで立憲制度に関する法律・制度の起草作業を進め、一九〇八年八月、全九カ年計画の立憲制移行へのプログラム（九年預備立憲逐年籌備《ちゅうび》事宜）を策定した。また、これに先立って清朝は一九〇六年十一月、官制改革に着手し中央政府を再編した。それまでに設置されていた内閣、軍機処はそのまま残された。これに加えて、北京議定書の取り決めに従ってすでに設置されていた外務部を筆頭にして、吏部・民政部・度支部・学部・礼部・陸軍部・海軍部・法部・農工商部・郵伝部・理藩部が設置された。

議会設置に向けても準備は進められた。将来の国会、省議会の基礎とするべく、一九〇七年九月、北京に資政院▲を設置することを決定し、また翌月各省督撫に対して、各省に諮議《しぎ》局▲を設置するよう下命した。そして、立憲制度の基礎

▼**資政院**　定員二〇〇人で民選議員と欽選議員とが各一〇〇人ずつで構成。

▼**諮議局**　各省諮議局の定員は人口数ではなく、科挙定員（「学額」）に応じて配分された。

として日本の地方制度を参考にした二級の地方自治制を採用することに決定し、一九〇九年一月に城鎮郷《じょうちんきょう》地方自治章程を、翌年二月には府庁州県地方自治章程を公布した。このころすでに各地の地域エリートらによって独自の地方自治章程が起草されていたが、清朝の起草・公布した二つの自治章程によって全国的に画一化され、これに則って進められることになった。

立憲運動の展開

資政院・諮議局の設置が布告されると、各地の地域エリートたちは上からの立憲準備に呼応するかたちで下からの立憲運動を展開した。とりわけ張謇《ちょうけん》ら江南の地域エリートらの動きが活発だった。彼らは諮議局研究会を創設して省内の地域エリート間の連携をはかるとともに、一方では諮議局籌辦所《ちゅうべんしょ》▲に参加し、官紳協力のもと、諮議局設置に向けて準備を進めていった。そして、一九一〇年十月、資政院が開院されると、中国を取り巻く危機的状況に触発された江南地域エリートらは国会早期開設運動を積極的に展開して、早期開設を求めた。彼らは省の垣根をこえて連携をはかり、各省諮議局連合会を結成して全国的な

▼**諮議局籌辦所**　各省ごとに設置された諮議局設置のための準備組織。

運動を展開した。また、資政院も繰り返し朝廷に早期開設を請願した。清朝の当初の予定では、国会開設は九年の準備期間の最終年度の一九一六（光緒四十二）年の予定であった。興味深いことは、最終年度においては人民の識字率を五％にするという目標が設定されていた点であった。

ところが地方長官や各省諮議局から頻々と早期開設請願が寄せられた結果、その圧力に押され、朝廷は立憲政治の開始を五年前倒しにすることにし、一九一一（宣統三）年に内閣設置、一三年に国会開設をすることに変更された。ところが、最初に成立した内閣は、満州人王侯貴族が多数入閣した、いわゆる「親貴内閣」と呼ばれるものであった。そしてこの親貴内閣の出現は、清朝の立憲改革に期待し、諮議局に結集して運動を推進した知識人、地域エリートらの期待を大きく裏切るものであった。

地方自治の実施

地域エリートらは地方自治にも積極的に参入した。城鎮郷地方自治章程によれば地方自治は官治（官僚行政）補助と位置づけられ、地方官の監督を受けて実施されるものとされた。また、地方自治の具体的な中身は地方公益事業の実施とされた。地方公益事業とは教育・実業振興・土木工事・社会福祉など、官僚行政で実施されないものであった。それらを実施するための地方財政も史上はじめて規定された。地方自治の担い手は「合格紳民」と規定され、自治の担い手は董事《とうじ》(会)と議事会(議会)であった。議員選挙の有権者資格も設けられ、一定以上の税額を納税する二五歳以上の男性、などの条件が定められた。この規定に則って有権者たり得たのは総人口のわずか〇・四%といわれている。

地方自治が開始されると、徐々にではあるが官治行政への侵食が進み、当初は明確に分離されていた地方自治と官治行政との境界は、少しずつ曖昧なものになっていった。この事態はそれまでの清朝の官僚支配を根底から掘り崩すものであった。そして辛亥革命後には、例えば江南地域では地域エリートらはそれまでの官僚を放逐《ほうちく》して行政権全般を掌握し、地方自治とあわせて「県人治県」(その県の人間がその県をおさめる)というような情況も出現することになった。

留日学生の増加と西欧文化の流入

十九世紀以後の中国における西洋文化の受容に関して、当初、重要な働きをしたのはキリスト教宣教師たちであった。中国でキリスト教の布教が正式に認められたのは一八六〇年の北京条約(厳密にいえば、一八五八年の天津条約に盛り込まれ、これを批准したのが一八六〇年の北京条約)であった(ただし、開港地では布教活動に従事していた)。しかし、宣教師たちはすでにそれ以前から非合法的布教活動や翻訳・出版活動に従事していた。西洋の学問・思想(西学)は、清朝の近代化の模索が始まるや、ますます重要性をましていき、十九世紀末には上海のいくつかの書院(伝統的な学校)でも講じられるようになり、さらには学堂(新式の学校)が設置されると「西学」は教育をつうじて普及していった。

そして、海外への留学生派遣が正式に許可されると、留学先として日本を選択し、渡日する中国人留学生が非常に増加した。日本で彼らは官費・私費いずれかを問わず出身地ごとに連携し、勉学の一方でさかんに雑誌を創刊した。彼らは雑誌に中国の改革・近代化の必要性を説いたり、あるいは日本の図書や雑誌などの記事を翻訳して紹介した。それらの雑誌は無論母国にももたらされ、回覧されるなどして広まっていった。このようにして、日本語を経由して大量の近代知がもたらされるようになり、かつて宣教師などの西洋人を媒介とする翻訳・出版をはるかに凌駕するようになったのである。

また、渡日した中国人のなかには、反清武装蜂起に失敗・挫折して、亡命した者もいた。彼らのなかには留学生に混じり、日本の学校にかよい、留学生活を送るようになった者もいた。そしてやはり雑誌を発刊するなどして革命思想の鼓吹に努めた。彼らに働きかけられ清朝打倒の革命活動に身を投ずる留学生もあらわれた。

③―革命のなかで

革命勢力の結集と武装蜂起

清朝が新政を開始して近代化を模索するのとほぼ時を同じくして、清朝を倒して新しい国家建設を実現しようとする革命勢力も活動を開始しはじめていた。彼らは広東・湖南・浙江といった北京から遠く離れた地域において反清武装蜂起を計画し、実行に移したが、準備不足や情報もれなどによりいずれも失敗し、なかには当局に逮捕されて獄につながれたり、処刑される者もいた。また、ある者は上海や香港などをへて海外に亡命した。そしてもっともたくさんの革命家たちが亡命先として選んだのが日本であった。

当時、とりわけ東京には非常に多くの中国人留学生が訪れていたこともあり、亡命した革命家たちがその身を寄せるには都合が良かったのである。革命家たちはそれぞれ出身を同じくする留学生らの同郷会的組織に身をおきつつ、学び、そして革命活動に従事した。そして、一九〇五年八月、もっとも早期に革命活動を開始した一人である孫文《そんぶん》の来日を契機として、東京・赤坂において中国同盟会を結成した。彼らは機関誌『民報』を発行して革命思想のプロパガンダに努め、さきに亡命していた梁啓超《りょうけいちょう》らの雑誌『新民叢報《そうほう》』と、中国の近未来の方向性をめぐって激烈な論争を展開した。また、中国同盟会結成の前後において、日本人支援者・華僑らの援助を得て中国各地で武装闘争を準備し、清朝打倒を粘り強くめざしたが、容易には成功せず革命活動は困難を極めた。

そのような情況に直面して、同盟会内部に路線対立が生まれ、孫文らの辺境武装蜂起路線とは異なる革命路線をとる動きもあらわれた。一九一一年七月、宋教仁《そうきょうじん》らは自身の「革命方策」に則って上海に中国同盟会中部総会をつくり、また、武漢に湖北分会を設けて長江流域に革命勢力を扶植《ふしょく》して武装蜂起を企図した。その過程で彼らは清朝の「新軍」にも浸透していったのであった。

軍機大臣兼外務部尚書、そして失脚

一九〇七年九月、新政実施に積極的な働きをした袁世凱《えんせいがい》と張之洞《ちょうしどう》は軍機大臣に昇進するとともに、それぞれ外務部尚書(長官)、学部尚書に任命され、兼職した。漢人官僚としては最高の出世をとげたことになったのである。この出世のため、袁は直隷《ちょくれい》総督の地位を楊士驤《ようしじょう》に譲り、天津を離れ北京へ移り、山積する各種案件の解決に尽力した。ただし、これによって北洋軍に対する袁の影響力がただちに低下したわけではなかった。しかし、このころすでに満州人を中心とする反袁世凱集団が形成されつつあり、立憲制の導入に熱心で責任内閣制の実現をめざしていた袁を西太后《せいたいこう》も警戒するようになっていたという。

　袁の運命を大きく変えることになったのは、翌〇八年十一月の光緒帝《こうしょてい》、西太后のあいつぐ死であった。光緒帝の死因は毒殺であった。西太后の遺摺《いしょう》により、次の皇帝は光緒帝の甥の溥儀《ふぎ》▲に、そして溥儀がまだ幼少であったことから醇親《じゅんしん》王載灃《のうさいほう》（光緒帝の弟、溥儀の実父）が摂政に就任し、張之洞を顧問とした。一時的にではあるが、袁は張之洞とともに太子太保（太子を補導する官職、太子の教習）の官職を加えられた。醇親王は袁世凱の権限の削減を企図し、まず彼の督辦練兵大臣の兼職を解いた。そして御史の趙炳麟《ちょうへいりん》らは摂政に上奏文を送り、袁は私欲を貪り、そのために光緒帝の不興を招いていたと弾劾した。また、康有《こうゆう》為《い》と梁啓超も日本から通電し、西太后と光緒帝の死の主魁は袁世凱であると非難した。

▼**溥儀**（一九〇六〜六七）　愛新覚羅溥儀。清朝第十二代皇帝で、最後の皇帝。のち、満州国皇帝。

そして一九〇九年一月、宣統帝《せんとうてい》の名でもって詔勅が出され、袁はすべての役職を解かれた。病気の療養が解職の理由とされたが、実質上は罷免であった。袁は失脚したのである。摂政は袁を処刑しようと考えたが、張之洞が力をつくしてこれを押しとどめたという。彼は河南省北部の彰徳《しょうとく》郊外に養壽園をつくって「隠棲」し、辛亥革命勃発までの三年間を過ごすことになった。

革命の展開と袁世凱の復権

一九一一年、四川では保路《ほろ》運動▲が燃えさかり、地域社会と清朝政権とのあいだの利害対立はピークに達した。四川省では、総督趙爾豊《ちょうじほう》は自らの身が危うくなり、その地位を四川諮議局議長の蒲殿俊《ほでんしゅん》に委ねて下野した。また軍を率いて派遣された端方《たんほう》は、運動を鎮圧するどころか反対に殺害された。このように清朝の統治力は弱体化の一途をたどった。

そのような情勢のなか、同年十月十日、武漢では偶発的な契機による革命派人士・新軍兵士による武装蜂起が発動され、革命の導火線に点火された。彼らは湖北諮議局と連絡し、かつ新軍の将校であった黎元洪《れいげんこう》▲を都督にかつぎ、湖北

養壽園

▼**保路運動**　清朝による幹線鉄道の国有化に対する反対運動。とりわけ、四川省で激しい反対運動が起きた。

▼**黎元洪**（一八六四〜一九二八）　日本留学の経験をもち、張之洞との関係が深く、一九〇四年に湖北新軍に参加。中華民国成立後に副大総統・大総統を歴任。

軍政府を設立して清からの「独立」を宣言した。元来、この蜂起は旧暦八月十五日(陽暦十月六日)の中秋節に合わせて企図されたものであった。中秋節に関しては末劫《まつごう》思想などさまざまな民間信仰がからんでおり、湖北の革命派はこれらを利用して民衆を巻き込んで革命を進めようとしたのであった。ところが蜂起計画が露顕し、構成員が逮捕されるということもあり、準備が思うように進められないなか、追い詰められた革命派は浸透していた新軍兵士らと行動に出たのであった。この武漢での蜂起、そして湖北軍政府成立のニュースはたちまち拡大していった。とりわけ東南の各省に与えた影響は大きく、わずか二カ月ほどのあいだに、北方のいくつかの省を除く大半の省が清朝からの「独立」を宣言した。

革命勃発の知らせは清朝政権を激しく動揺させた。革命を鎮圧するために清朝は、陸軍大臣の廕昌《いんしょう》を派遣したが、うまく行かなかった。このような事態を収拾するための清朝の最後の切り札が袁世凱であった。

武昌蜂起後まもない十月十四日、清朝は袁世凱を湖広総督に、岑春煊《しんしゅんけん》を四川総督に任命し、反乱の鎮圧を命じたが、袁はいまだ病気が癒えないことを口実にこれを断った。そしていく度かの「交渉《やりとり》」をへて、袁は自らの出馬の条件を提出し、それは最終的に受け入れられた。袁の出した条件には、国会の開会、責任内閣制の実施、袁に兵権を総攬させることなどが含まれていた。そして、袁は同年十一月八日、資政院において内閣総理に選ばれ、翌日、清朝はこれを受けて袁を任命した。袁はこれを受諾し、ようやく腰を上げたのであった。これによって親貴内閣は廃された。袁は、こののち正式に革命軍との戦闘を指揮するとともに、一方では停戦、講和そして妥協の道を模索した。

南京臨時政府の成立と清朝の退場

一九一一年十二月、革命勢力が南京を奪取すると、「独立」を宣言した各省は南京に代表を派遣し、新政府の樹立を模索した。そして、翌一二年一月一日、中華民国の成立を宣言、孫文は臨時大総統に就任した。しかしながら北方には依然として清朝が存続しており、中国には南北二つの政権が併存するかたちとなった。イギリスなどの調停斡旋もあり、南北双方は講和に向けて交渉をかさねた。このとき、軍事的にも財政的にも、南京臨時政府の運営は極めて厳しい状況にあった。そのため南方の政権は清朝の退場を最優先事項とし、条件付きで妥協し、袁に政権を委ねることもやむなしと考えていた。そして、袁と南方政権とのあいだにはいく度も交渉がおこなわれた結果、袁が宣統帝の退位をとりつけたあかつきには、南方政権は袁を孫文にかえて臨時大総統とすることを確認した。妥協策は合意にいたったのである。

　当時、北京では爆弾によるテロが繰り返し発生し、袁も標的の一人となった。袁は危ういところで難を逃れたが、最後まで皇帝護持の姿勢をくずさなかった宗社党の良弼《りょうひつ》は命を落とした。これらは革命勢力によるものとされるが、良弼については、袁の指示によるものとの見方もあった。いずれにせよ、これによって清朝存続を主張する勢力は勢いをそがれてしまった。このような騒然とした雰囲気のなか、袁の意を受けて、清朝軍の将校および在外公使らは共和政体への賛成、宣統帝の退位を求める上奏をおこなった。これらの圧力に抗しかねて、清朝は宣統帝の退位を決意した。二月十二日、隆裕《りゅうゆう》皇太后によって上諭が読み上げられ、北京奠都（都を定めること）以来、清朝二六〇余年の歴史に幕が引かれた。こののち、皇室は南京臨時政府が認めた優待条件を享受して紫禁城

▼**宗社党**　良弼、溥偉、鉄良らにより、一九一二年一月に結成。南京臨時政府との講話に反対し、かつまた清帝の退位にも反対した。別名は君主立憲維持会。

▼**良弼**（一八七七〜一九一二）　一九〇三年、日本に留学し、陸軍士官学校を卒業。一二年に宗社党を結成している。

▼**隆裕皇太后**（一八六六〜一九一三）光緒帝の皇后。西太后の姪にあたる。

内に引き続き暮らすことになった。

この詔勅の起草者は袁世凱の依頼を受けた張謇《ちょうけん》であった。これまで、袁はこれを「改竄《かいざん》」し、天命を受け継いだのは袁自身であり、自身を正当的に政権を継承する者と位置づけたとされている。

宣統帝の退位宣言の翌日、南京の臨時参議院はただちに孫文の臨時大総統辞職を認め、後任として袁世凱を臨時大総統に選出した。そして、同時に南方政権は袁に対する警戒心から、その就任にあたって「保険」をかけることにした。同年三月、臨時参議院は当面の憲法である中華民国臨時約法を起草・制定し、臨時大総統の権限に対して制限をかけた。また、袁の勢力基盤である北方から袁を引き離すために、首都を南京とし、南京で臨時大総統に就任するよう求めた。そして、袁の南下を促すための代表団(迎袁専使)を北京に派遣した。ところが、隆裕太后は袁に南下しないよう要請し、さらには袁の南下に反対する軍隊の暴動が発生し、結局、袁の南下はうやむやになってしまい、北京を首都として統一政権は発足することになった。

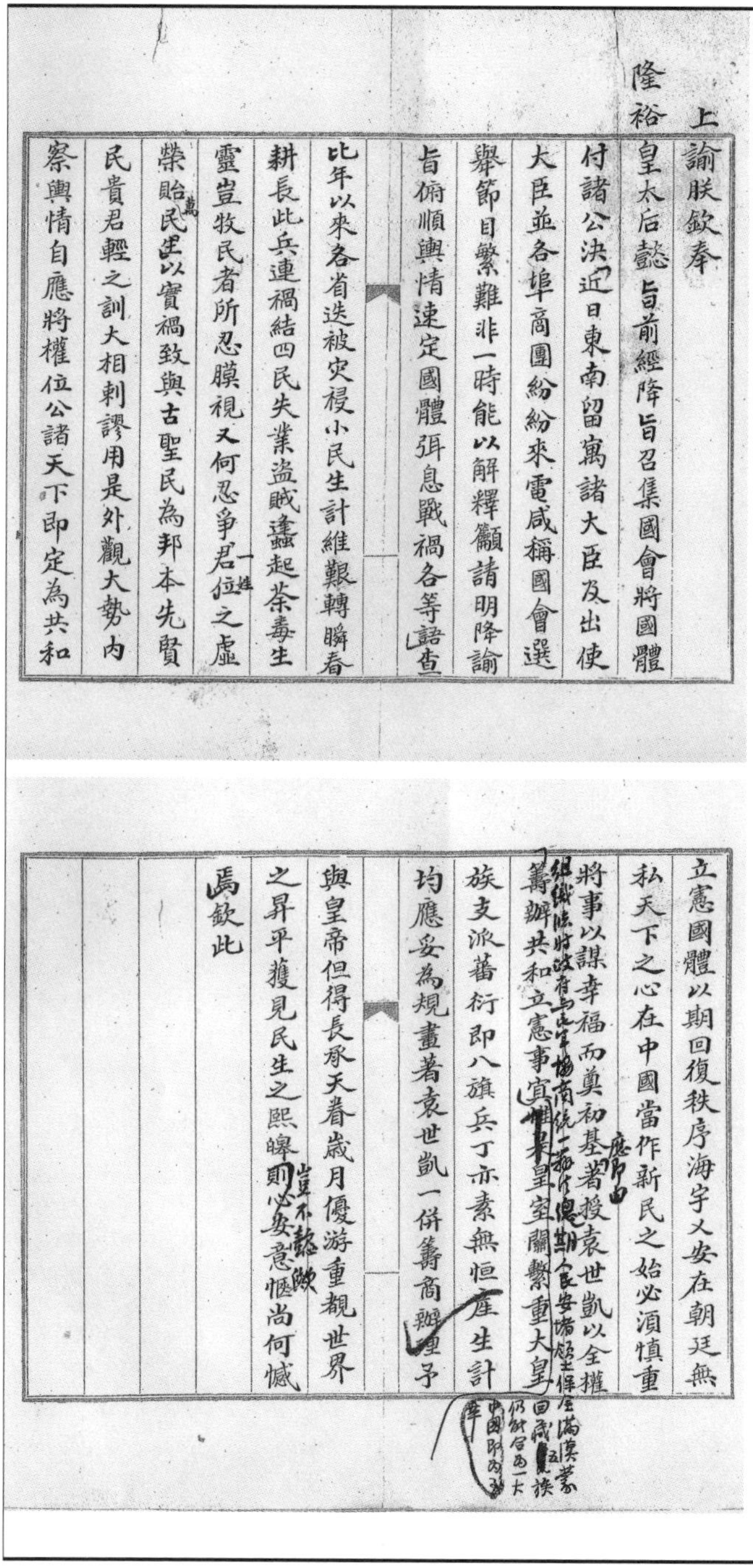
上諭朕欽奉
隆裕皇太后懿旨前經降旨召集國會將國體
付諸公決近日東南留寓諸大臣及出使
大臣並各埠商團紛紛來電咸稱國會選
舉節目繁難非一時能以解釋籲請明降諭
旨俯順輿情速定國體弭息戰禍各等語查
比年以來各省迭被災祲小民生計維艱轉瞬春
耕長此兵連禍結四民失業盜賊蠭起荼毒生
靈豈牧民者所忍膜視又何忍爭一姓君位之虛
榮貽萬民以實禍致與古聖民為邦本先賢
民貴君輕之訓大相剌謬用是外觀大勢內
察輿情自應將權位公諸天下即定為共和
立憲國體以期回復秩序海宇乂安在朝廷無
私天下之心在中國當作新民之始必須慎重
將事以謀幸福而奠初基著授袁世凱以全權
籌辦共和立憲事宜本皇室關繫重大皇
族支派蕃衍即八旗兵丁亦素無恒產生計
均應妥為規畫著袁世凱一併籌商辦理予
與皇帝但得長承天眷歲月優游重覩世界
之昇平獲見民生之熙皡則心安意愜尚何憾
焉欽此

●『袁氏秘函』　静嘉堂文庫所蔵の『袁氏秘函』には、退位の上諭の草案、優待条件に関する草案がおさめられている。これらには推敲の加筆の痕跡がなまなましく残されている。従来、これは袁による「改竄」とされてきた。だが、この史料は袁世凱内閣による起草作業の過程とみることができる。

辛亥革命と袁世凱

辛亥《しんがい》革命の発生にいたるまでの袁世凱が、まさしく清朝政権内の官僚群のなかの一人であったことは間違いない。彼は、朝鮮に出向して以来、呉長慶《ごちょうけい》、李《り》鴻章《こうしょう》、そして西太后らの下僚として仕え、官僚としての出世の階梯《はしご》をのぼってきた。袁の当初の基本的な立場は、洋務《ようむ》派官僚としてのそれであったといってよいだろう。そして、彼は一貫して文明の側に軸足をおいていた。それゆえ、先進的なシステムを取り入れることには非常に熱心だった。その一方、義和団などの民衆は西洋的文明をそこなう存在として徹底的に弾圧した。ただ袁の場合、科挙試験に合格して官僚になったわけではない。その意味では、彼の出世のルートは異端でもあった。

だが、このような袁という存在は、清末中国の社会の軍事化に、まさに適合的であった。いや、社会の軍事化こそが、袁のような存在を生み出したといってもよいのかもしれない。それゆえか、彼は洋務の諸改革のなかで軍隊改革にもっとも積極的だった。そして、そのことが袁の政治資本ともなり、彼の政治的生命力を持続させることになった。とはいえ、西太后の死後に、一篇の命令によってすべての役職を解かれ、「隠棲」を余儀なくされたことからわかるように、彼はやはり一官僚にすぎなかったのである。

袁にとって清朝の立憲制の推進や武昌蜂起の勃発は幸運をもたらすものであった。清朝は一方では地域エリートらによる国会早期開設運動や、鉄道国有化反対運動により譲歩を余儀なくされた。また同時並行的に発生した革命の急速な拡大は、袁世凱が去ったのちの清朝政権を追い詰めた。各省諮議局には改革に期待する地域エリートらが結集していたが、彼らは清朝の上からの立憲推進を基本的に支持しながらも、それを利用しつつ下からの立憲運動を進める存在であった。しかし、最後には彼らも清朝を見放し、「独立」を宣言した。

これら一連の事態は、皮肉なことに袁を窮地から救い出すことになり、しかも清朝自体を歴史の表舞台から退場させることになった。このような経緯からすれば、辛亥革命は地域エリート(立憲派)、革命派、民衆勢力、そして袁世凱(北洋軍官)集団の四者の意図せざる共同作業の結果であったといってよい。なかでも、民衆勢力を除く三者は、急進的であるか否かの違いこそあるものの、中国の危機を憂慮し、改革的立場に位置する点では共通しているのである。しかし、このような連携は長続きするものでもなかった。一例をあげよう。武昌蜂起ののち、湖北省についで湖南省諮議局は「独立」を宣言したが、その後、政権のヘゲモニーは革命派から、それよりは保守的な地域エリートらによって奪取されてしまった。混迷の季節は、なおまだ幕をあけたばかりだった。

そしてこれ以降、中華民国第二代臨時大総統に就任した袁世凱は、国家建設に着手する。その際、袁は広範な分権状態と、非常に多くの中間団体の存在を目にしたことであろう。袁はそのような状況を、いったいどのようにして乗り越えようとしたのか。袁が採用したのは、権力の集中と敵対的勢力への攻撃であった。

唐紹儀内閣　上段左端宋教仁、上段中央段祺瑞、下段右端唐紹儀、下段左端蔡元培。

④―中華民国大総統

北京政府の出発と政局の紛糾

一九一二年四月、袁世凱《えんせいがい》政権は南京ではなく北京に政府を設置し、出発することになった。では、その中華民国政府にとってもっとも重要な課題とはいったいどのようなことであったのか。それは大別すると次の二つに整理できるだろう。一つは、清朝から継承した版図＝国境線の維持である。別言するならば、強い国家をつくることであった。そして、もう一つは専制を否定して立憲国家化することであった。この二つの課題はいかにして達成されようとしたのであろうか。

袁世凱の最初の仕事は内閣を組織することであった。一九一二年三月末、内閣総理には袁世凱とも関わりの深い唐紹儀《とうしょうぎ》が就任し、各閣僚が任命された。この内閣は辛亥《しんがい》革命に「参加」した各政治勢力――北洋軍官集団・立憲派・革命（中国同盟会）派――からそれぞれ選ばれた。それゆえ、この内閣は「混合内閣」と称された。しかしながらこの内閣では、当面の財政を保障するための借款《しゃっかん》交

▼**陸徵祥**（一八七一〜一九四九）清末民初の外交官。原籍は江蘇省。プロテスタントの家に生まれ、広方言館・同文館に学んだ。一八九二年、ロシアに翻訳官として派遣されて以来、外交員として従事した。唐紹儀内閣では、外交総長に就任した。

渉に起因する閣内対立や、政治勢力間の争いが激化したために収拾がつかなくなり、唐紹儀は総理を辞任し、内閣はわずか二カ月ほどで瓦解してしまった。

袁世凱は再度、内閣総理を選任しなければならなくなった。袁が選んだのは唐紹儀内閣で外交総長（外務大臣）に任じられていた陸徵祥《りくちょうしょう》▲であった。袁は組閣に取り組み、同年七月、閣僚名簿を臨時参議院に提出し、同意を求めた。ところがこの閣僚案は否決されてしまい、陸は一時は辞意を表明したが、袁の慰留によりなんとか辞意を撤回し、組閣を継続することになった。折しも中国の「辺境」地域をめぐってイギリス・ロシア・日本などの動きが活発化していることが新聞で報じられてもいた。危機は深刻化していたのである。袁はなんとしても陸内閣を成立させるべく手段を講じた。七月二十一日、袁は国会議員六十数人を招待して晩餐会を催した。その席上、内政・外交の難問が山積した情況を訴え、議会の政府への協力を要請した。また、北京の軍・警察を動員して国会に圧力をかけて、二十六日、ようやく閣僚の承認にこぎ着けたのであった。内閣の承認問題は、世論の「無政府状態をつくり出している」という国会・政党に対する批判を惹起《じゃっき》することになった。

▼黄興(一八七四〜一九一六) 清末民初の革命家。湖南省生まれ。一九〇二年に渡日して嘉納治五郎が設立した弘文学院に学んだ。一九〇三年に帰国し、革命団体・華興会を長沙にて結成した。武装蜂起を企てるも失敗して日本に亡命し、〇五年八月、中国同盟会結成に参加した。

このような状況のなか、政局の安定をはかり、また来たるべき第一回国会議員選挙をにらんで、政党再編の動きも活発化した。同年七月初め、中国同盟会の宋教仁《そうきょうじん》は政党内閣の実現を目標として、同盟会を秘密結社的組織から政党へ改組することを提案し、これを実現しようとした。しかし、当初は同盟会内の反対も根強く、議論は膠着《こうちゃく》し進展をみせなかった。ところが皮肉なことに、上述の袁世凱により加えられた「圧力」がこの膠着状態を打開することになった。同盟会は改組のみならず他党との合併を進めて勢力拡大をはかることにし、統一共和党との合併を模索した。宋は孫文《そんぶん》・黄興《こうこう》▲の同意を取りつけつつ合併交渉を進め、八月二十五日、同盟会・統一共和党および他の三党が合併し、国民党を結成した。こうして革命組織であった同盟会は、「公開の政党」である国民党となったが、その際に同盟会の秘密結社的性格、非合法的性格は取り除かれ、より広範かつゆるやかな結合体として生まれ変わったのであった。

さて、袁世凱の努力によりようやく成立した陸内閣ではあったが、この内閣を襲ったのが、八月十五日に突然北京で発生した張振武《ちょうしんぶ》・方維《ほうい》処刑事件であった。これは黎元洪《れいげんこう》の意向を受けて、袁世凱系の軍人がちょうど北京に滞在していた湖北系の軍人の張振武と方維を拘束して処刑した事件であった。この事件によっていったんはおさまっていた内閣に対する政党の攻撃は、政府の法律違反が問題とされふたたび激しくなった。そのため、陸は病気療養を口実にその職を内務総長の趙秉鈞《ちょうへいきん》に代行させて離職し、九月二十二日、正式に辞任した。

ちょうどこのころ、孫文と黄興は国民党成立大会に出席するため北京入りしたが、政治的混乱を収拾するために袁世凱からの要請を受けて会談し、対立の解消、政治的統一の回復などを内容とする「八大政綱」に賛成して、袁世凱政権に協力する姿勢を示した。これを受けて、国民党をはじめとする各政党は「穏健擁護」的姿勢でもって政府に臨み、政治的枠組みの現状維持を当面の方針とした。ところが、十一月に入り、露蒙協定▲の消息が伝えられると、国民党は引き続き穏和な姿勢で政府に臨んだものの、他党は政府の対外政策の失敗を厳しく糾弾する姿勢に転じた。こうして政府と政党との摩擦は絶え間なく続き、政権の強化はなかなか進まず、内憂は払拭されなかった。

▼**露蒙協定**　ロシアとボグド・ハーン政権とのあいだで結ばれた協定。ロシアは経済的利益を得るのと引きかえに外モンゴルにおけるボグド・ハーン政権の自治を承認した。

袁世凱政権とチベット・モンゴル問題

モンゴルは清に帰属し、大幅な自治的裁量権を認められ、藩属として理藩院▲により統括された。漢人世界との距離・関係性から、モンゴルは内属蒙古と外藩蒙古と大きく二つに分けられる。内外蒙古は徐々に経済的・政治的に格差を生じるようになったが、これは同時に漢化の度合いの違いでもあった。しかしながら、清とロシアとのあいだに介在するというロケーション、そして二十世紀初頭の日本の「満州」進出などにより、ロシアや日本の影響力がおよぶようにもなった。同時期、清朝は「新政」をモンゴルにも適用し、直接的支配をめざしたが、これをきらうモンゴル人王公らの意向を受けたロシアは清朝の統合政策に介入し、新政の適用を阻止した。そして武昌蜂起の影響が全国的に波及するなか、モンゴルは清からの独立を宣言するとともに、「中国」に所属する謂《い》われはないと、中華民国への参加を拒否したのである。そして十二月二十九日にはボグド・ハーン▲政権が樹立された。

チベットが清朝に帰属したのは雍正帝《ようせいてい》▲の時代であった。モンゴル同様に理藩院の管轄とされたが、清末にいたるやイギリス勢力排除のため清朝はチベット

▼理藩院　藩部の統轄を担当した官署。総理衙門設置までは、ロシアとの外交や貿易の事務も管掌。

▼ボグド・ハーン（一八六九～一九二四）　チベット人、ラサ近郊で生まれたという。ダライラマ十二世によってジェプツンダンバ・ホトクト八世と認定された。一八七五年、フレー（庫倫、現在のウランバートル）に移った。モンゴルが清から独立したとき、モンゴルの諸侯に推戴されて即位した。

▼雍正帝（一六七八～一七三五）　清朝第五代皇帝。

に進攻し、直接的支配をおよぼそうとした。これをきらってダライラマ十三世▲はイギリス領インドに脱出した。このことはチベット支配を目論むイギリスのよりいっそうの介入を招来した。ところが、辛亥革命の勃発により清朝のチベット支配は崩壊し、ダライラマ十三世はインドから帰還して独立を宣言した。そしてモンゴル、チベットは一九一三年一月十一日、チベット・モンゴル相互承認条約（蒙蔵《もうぞう》条約）▲を締結し、相互に独立国家であることを承認し合った。のち、一九一五年のキャフタ協定▲で、中華民国の宗主権下での外モンゴル自治が承認された。

　このように、袁世凱政権は政権発足と同時に、「中華」瓦解の危機に直面することになった。そこで政権はロシア・イギリスと交渉し、一九一三年十一月に露中宣言▲で、また一四年七月にはシムラ条約▲で外モンゴル・チベットに対する宗主権が認められた。しかし、依然として外モンゴル・チベットは中華民国の支配からは自立性を保ち、かつロシア・イギリスの影響力が排除されたわけではなかった。

　とはいえ、この間、袁世凱政権は蒙蔵院▲を設置、総裁にグンサンノルブ、副

▼**ダライラマ十三世**（一八七六〜一九三三）　トウプテン・ギャツオ、チベット人。イギリス・ロシア・中華民国の勢力拡張競争のなかにあったチベットの自立、近代化を志向した。

▼**チベット・モンゴル相互承認条約**（蒙蔵条約）　モンゴルとチベットは、中華民国とはまったく別の独立した国家であることを国際的に承認されることをめざして締結。

▼**キャフタ協定**　ロシアの仲介でボグド・ハーン政権と袁世凱政権とが結んだ協定。

▼**露中宣言**　中国の外モンゴルにおける宗主権を認めることと引きかえに、同地域におけるロシアの経済権益を承認させた。

▼**シムラ条約**　一九一四年七月、イギリスとチベットとのあいだで結ばれた条約。

▼**蒙蔵院**　一九一四年に設立。

総裁にナヤントを任命してモンゴル・チベットの離脱を食い止めるべく努力し、内モンゴル地域には三つの特別行政区を設置し、中央権力を内モンゴルに浸透させることに成功した。またかってボグド・ハーン政権のモンゴル統一、そして独立を阻止し得たことも事実であった。当時、列強からすれば中華民国は弱国だったかもしれないが、しかし、ボグド・ハーン政権からすれば強大な政権だったといえよう。

第一回国会議員選挙の実施

中華民国成立当初の議会制度、憲法、国家元首は、それぞれ臨時参議院であり、中華民国臨時約法であり、臨時大総統であった。いずれも「臨時」の二字が冠せられているように、できるだけ早期に正式な議会を成立させ、正式な憲法を制定し、正式な大総統を選出し、各国の承認を得る必要があった。ただ、中華民国の場合、正式国会の成立が最初に実施され、憲法の制定、大総統の選出がそれに続いた。これは、たとえば日本での順序と異なる。当初から議会の優位性がみられたのである。

議会制度は二院制で、参議院・衆議院と命名された。前者はアメリカの議会制度でいえば上院、そして後者は下院にあたる。中華民国最初の国会議員選挙は臨時約法の規定に則り、一九一二年末から一三年二月頃にかけて全国で実施された。選挙に臨んだのは国民党・共和党・統一党・民主党の四党であった。結果は両院ともに国民党が勝利をおさめたが、同党の改組以来選挙の勝利にいたるまで獅子奮迅の活動をしたのが宋教仁であった。ところが、このような事態に危機感をいだいたのが袁世凱であった。同年三月、選挙の勝利によって、宋教仁は次期内閣総理との呼び声も高まりまさに北京に向かうその矢先、上海駅において暗殺されてしまった。刺客に依頼をしたのは時の総理の趙秉鈞であり、さらにその背後には袁世凱の意志が働いたといわれている。宋教仁暗殺事件、そしてほぼ同時期の善後大借款《ぜんごだいしゃっかん》▲の締結問題は、またもや各政党による政府攻撃の格好の材料となり、政府と議会とのあいだには激しい摩擦が生じた。

▼善後大借款　一九一三年四月、イギリス、フランス、ドイツ、ロシア、日本の銀行団が袁世凱政権に与えた総額二五〇〇万ポンドにおよぶ借款。

袁の集権化政策

一九一三年四月、宋教仁暗殺事件の余韻の冷めないなか、北京で正式国会が成立した。正式国会の最大の課題は近代国家に必要不可欠な憲法を制定すること、そしてその憲法に則り、議会の承認を得た正式な国家元首を選出することで、それらをへて、国際的に中華民国の承認を得ようとするものであった。

正式憲法の制定作業は、国会議員から選ばれた委員による憲法起草委員会において実施された。当初の草案(天壇憲法草案)は、臨時約法と同様にやはり総統権力に対して制限的な内容が少なくなかった。起草作業が進められるなか、袁世凱と国民党との対立が先鋭化していった。六月、袁は自身の権力を浸透させるために、袁に批判的な国民党系都督——安徽《あんき》都督柏文蔚《はくぶんうつ》、江西都督李烈鈞《りれつきん》、広東都督胡漢民《こかんみん》——を罷免したのであった。これに対して各都督は保持していた軍権を利用し、袁世凱政権からの「独立」を宣言して袁世凱に対抗しようとした。しかし、都督らは孤立分散的に武装蜂起したため各個撃破され、反袁闘争にかかわった国民党系の指導者たちは日本などへの亡命を余儀なくされた。この反袁闘争を第二革命と呼ぶ。ただし、「革命」とはいうものの、辛亥革命時の反清反満スローガンのような、広範に共有された目標や支援もなかった。また、計画性もみられなかった。

第二革命における国民党側の敗北は、進行中の憲法起草作業にも影響をおよぼした。国民党が多数を占める議会側の主導権は大きく後退し、政権側の発言力が強まった。当初は「憲法先定説」、すなわち憲法をまず制定し、のちにそれに則って大総統を選出する予定であった。しかし、大総統選挙法をまず制定し、それに則って大総統を選出し、そのあとに憲法を制定するべきだとする「大総統先挙説」が優勢を占めるようになった。そして、一九一三年十月、「大総統先挙説」が現実路線となり、憲法起草に先立って大総統選挙法が制定され、選挙が挙行された。袁世凱の準備は極めて周到で、同年七月に戒厳令を敷き、これを機に国会議員が逮捕される事件があいついだ。そして国会での大総統選挙の当日には、多くの軍人や警官らを動員して議事堂を包囲させ、議員らに圧力をかけた。このような経緯ののち、三回の投開票をへて、袁世凱は中華民国初代の正式大総統に選出されたのであった。

さて、上述した袁世凱の権力奪取の道のりは、ある意味なおまだ非常に抑制的であったことは否めない。暴力的な革命などによる権力奪取とはまったく異なる。清末においては隆裕皇太后の意を奉じたという形式をとっており、かつまた資政院で、その後は南京の臨時参議院で選出されている。そして、正式大総統就任の場合にも国会の承認を得て、就任する体裁をとっているのである。袁自身もイギリス公使ジョルダンとの会見の際に、「民意」によって選出されたと述べている。単に「天命」によって就任したというわけではない。そして正式大総統に選出されたことによって、さらに袁は正統性を得たのである。これ以降、袁が意を注いだのは自らの権力基盤のよりいっそうの強化、そのための制度変更、そして政敵への攻撃であった。とはいえ、民主的立憲的体裁をとることも忘れなかった。国会にかわる組織、政治会議の創設がそれである。

大総統選出後に袁が最初に着手したのが、天壇憲法草案の廃案、そして国民党への攻撃であった。これには袁の顧問（総統府法制局顧問）であった有賀長雄《ありがながお》▲も関係している。有賀は、大総統の権限を縛る条項の多かった天壇憲法草案を批判し、強固な政府の確立の必要性を説き、超然内閣主義を提起した。袁は同年十月、有賀の議論を踏まえて草案の誤謬《ごびゅう》を指摘し、全国の都督や民政長などに通電し、意見を述べるように下命した。それに応じて提出された意見は、ほとんどが草案の誤謬を指摘するものや、国民党を攻撃するものだったという。

▼**有賀長雄**（一八六〇～一九二一） 大阪出身。一八八二年に東京帝国大学を卒業。その後元老院書記官などを歴任し、ヨーロッパにも留学を果たした。一九一二年、袁世凱の要請を受けて法律顧問となった。

▼**中華民国約法**　全一〇章六八条から成る。大総統に強い権限を与える内容。

そこで袁は十一月四日、「第二革命」に関係したとして国民党所属の国会議員の資格を停止し、同党の解散命令を出した。国民党を粛正・排除したのである。しかし、袁の攻撃は国民党にとどまらず、翌年一月、国会そのものの解散をも命令した。この命令は国会にかわって組織した諮詢機関である政治会議の議決を受けたものであった。これにより起草途中であった天壇憲法草案も議決されることなく葬り去られた。そして制憲の最終段階は天壇憲法草案にかわるべき憲法の起草・公布であった。新しい憲法は政治会議の建議を契機に約法会議で起草・制定され、一九一四年五月一日、中華民国約法▲として公布された。これと同時に一二年の南京臨時政府時代に制定された中華民国臨時約法は廃止された。ここにおいて、中華民国創立当初の理念は大きく変更されたのであった。

そして権力集中の仕上げは、同年十二月の大総統選挙法公布であった。これは一三年に制定されたものを全面的に改訂したものであり、大総統の任期は一〇年、連任は無制限であった。そして現任の大総統が後任候補を三人立て、投票で選ぶというものであり、実質的には終身総統制であり、しかも自身の後任すら決定できる権限を袁は手に入れることになったのであった。このような選

▼**皇儲密建法**　雍正帝時代に公開制から転換された。制定の目的は皇子間の帝位獲得の競争を緩和することにあった。密建公儲ともいう。

出方法は、じつは清朝時代の立太子の方法である「皇儲密建法《こうちょみっけんほう》」▲に倣《なら》ったものであったという。

袁世凱は地方に対する中央権力の浸透もめざした。一四年二月、地方自治制度も改制すべく停止した。これにともなって地方議会、省議会も停止された。すなわち、中間団体の排除である。地方政治では清末以来の地方自治の実施などによって、地域エリートらの威信や権限が強まっていたが、袁は中央権力の浸透を目論んでこれを「改善」しようとした。その結果、中央権力がより社会の下層に届くべく、地方自治制度の改正が指向され、官僚支配が復活した。地域エリートらには学校の管理運営などの、ごく限定的な役割しか残されなかった。新しい制度はまず北京周辺(京師)で試行が目され、新たな自治章程が策定された。しかし、袁の死によってそれは全国化されることはなく、地方自治が停止された状況はなし崩し的に固定化されることになった。このような事態は、何かのきっかけで、地方が反中央の中間団体に転ずる可能性を残した。

袁の集権化は軍にも向けられた。その初めは一四年五月の陸海軍大元帥統率辦事処組織令の公布である。これによって段祺瑞《だんきずい》率いる陸軍部の権限が削られた。また、地方制度改革ともあいまって、都督の民政権と軍権との分離を目論み、民政権は巡按使▲を設けて管掌させることにした。一方、軍権は、まず軍人の称号を将軍とし、さらに将軍を軍権をもつランクと、もたないランクとに二分し、双方は入れ替え可能な存在とした。つまり、中央のコントロールがしやすい制度に変えようとしたのである。

では、このような袁の中央集権的施策は、いったいなにをもたらしたのか。例えば国民党の解散、議会停止そして地方自治の停止は、広範な知識人・地域エリートの袁に対する失望を招来した。これらの人々はかならずしもすべてが反袁的立場ではなかった。袁の施策はこれらの人たちをも反袁という対岸へ追いやることになってしまった。また、軍事改革はかつては袁の子飼いであった軍人たちの不満を招いた。とりわけ段祺瑞との溝は深まったという。

しかしこのように述べることは、袁世凱政権にとっての負の側面だけに注目しているようであるが、そればかりではなかった。集権化政策が進むと、借款に依存せざるを得なかった中央財政は健全化の兆しをみせた。それは中央解款《かいかん》の回復となってあらわれた。中央解款とは各省から中央の金庫に徴収した租税

▼**巡按使**　一九一四年五月、各省の民政長官を巡按使と改称。

を送金することを指す。これは清朝時代以来の財政システムである。現在の国家のような中央直轄の徴税部門をもたなかったことから、租税は地方官署を経由して中央に送金されていたが、辛亥革命に際して地方からの送金はほとんど途絶えてしまっていた。

これは第一に、各省が清朝から「独立」を宣言して離脱し、そののち新たな政権に各省単位で参加した結果、連邦的色彩が強くなったことに起因する。第二には、経済的に豊かな東南地域、とりわけ長江流域の各省は、そのほとんどが国民党の基盤と重なっており、反袁的色彩の強い省が少なくなかったことによる。ところが第二革命を鎮圧した結果、中央権力が長江流域におよぶようになると、中央解款が復活するようになったのである。ただし、この事態は、それまでの財政構造そのものを、根本的に改善するものではなかった。

いずれにしても、これらの問題の背景に横たわっていたのは、中央と地方との権力の問題、より集権的か、より地方分権的か——あるいは中央に対する地方の自立性——という構造的な問題であった。別言するならば、中央と地方とのあいだに繰り広げられたゼロサムゲーム的構造である。

⑤―世界大戦の渦のなかで

第一次世界大戦と袁世凱政権

袁世凱《えんせいがい》の権力集中の施策が進められるなか、ヨーロッパでは第一次世界大戦が勃発した。主戦場はヨーロッパであったが、ヨーロッパから遠く離れた中華民国もけっして無関係ではなかった。中国に利権をもつイギリス・フランス・ロシア・ドイツなどの国々は戦争遂行のため、中国に関与する余裕がなくなり、東アジアには一種の力の真空状態が生じた。そのなかで日本が主たる役者として舞台に登場することになった。問題の焦点は十九世紀最末期から二十世紀初頭にかけてドイツが清から獲得した山東利権、▲および日露戦争を契機として日本が清・ロシアから得た権益であった。日本はこれらの利権の延長や、さらなる利権の獲得を目論み――イギリスはかならずしも歓迎しなかったのであるが――日英同盟を口実としてドイツに対して宣戦布告をおこなった。日本が攻撃の対象としたのは、遠く離れたヨーロッパ戦線のドイツ軍ではなく、山東省のドイツ軍部隊であった。

▼**山東利権**　一八九七年、山東省でドイツ人宣教師が殺害された事件で獲得した利権のこと。膠州湾の租借、鉄道敷設権、鉱山採掘権などが含まれる。

では、事態の当事者であった中国はいかなる対応をしたのか。そのじつ、袁世凱政権はただちに中立を宣言した。その理由は次のようなものであった。一つにはイギリスやドイツの租借地がある中国に戦争が波及したならば、それによって日本の参戦や軍の中国への派兵をまねく恐れがあったからである。そして一つには、日本の派兵が中国国内の反袁勢力と結びつき、政権をゆさぶることにいたる可能性があったからである。

結局のところ袁世凱が生きているうちには、参戦するか否か、あるいはどちらの側に立つのか、の結論が示されることはなかった。袁世凱の死後、参戦をめぐっては複雑な権力対立を背景としてなおまだ意見の対立が続いたが、中華民国政府は、一九一七年にようやく対独参戦を決定したのであった。第一次世界大戦後に、この問題が五・四《ごし》運動▲の引き金になったことも周知のごとくである。

▼**五・四運動**　ベルサイユ条約の内容に不満をいだいた学生らによって一九一九年五月四日に発動された大衆運動。

日本の二十一カ条要求と袁の帝政実施

袁世凱の権力集中政策＝独裁化は、大総統選挙法の制定をもってしても完成とはならなかった。さらなる権力集中を進めようとしたが、それは帝政への道であった。一九一四年一月、袁世凱は政治会議に対して祭天(天を祭る)、祀孔(孔子を祀る)の実施に関する諮詢案を提出した。政治会議では若干の反対者はいたものの、賛成多数でこの二案を決定し、覆答した。これを受けて袁は同年二月に「規復祭孔令」を発布、春と秋に孔子を祀る式典をおこなうことを取り決めた。そして、同年九月には文武百官を率いて最初の式典を挙行した。袁は祭服をまとい、頭に平天冠《へいてんかん》を戴き、三跪九叩礼《さんききゅうこう》▲をおこなって祀ったという。かつて中国王朝は祭天・祀孔を国家のもっとも重要な儀典としたが、袁がこれを主催したことは、人心収攬をはかるとともに、天下万民に対して袁が皇帝にならんとすることを知らしめるものであったといえよう。

　では、帝政実施の動きが単なる権力集中という政治的な問題をこえて国体問題にまで展開していった始まりはいつなのか。中国に共和政治は不適当であるという見解は根強く存在し、日本の領事報告を見ると、すでに一九一三年六月の報告中に、袁を皇帝に冊立する語がでてきている。また、平川清風《せいふう》▲は一四年八月だとしており、さらに同時代人で袁世凱とも浅からぬ関係をもっていた梁《りょう》

▼三跪九叩礼　本来は皇帝に対して臣下がとるべき礼法。合図とともにひざと手を地についたのち、さらに額を地に三回つけ、それら一連の動作を三回繰り返す。

▼平川清風(一八九一〜一九四〇)　ジャーナリスト。熊本出身で大阪毎日新聞社に入社。上海特派員にもなっている。

▼袁克定(一八七八〜一九五八)　河南省生まれ、袁世凱の長子。幼少時から父に従って各地を移動、また、英・仏・日・独語につうじた。学問好きではあったが、科挙には及第しなかった。一九〇五年、趙爾巽の幕にはいり、〇八年には農工商部左参議となった。

▼梁士詒(一八六九〜一九三三)　広東省の生まれ。一八九四年に進士となる。唐紹儀の紹介で袁に用いられ、北洋編書局総辦となる。清朝時代の袁内閣では郵伝部副大臣、袁が臨時大総統になると総統府秘書長となった。一九一三年九月には袁の意を受けて、御用政党である公民党を結成し、党首となった。

▼**周自斉**(一八七一～一九二三)　山東省生まれ。北京同文館に学び、一八九六年に外交員として訪米し、外交に従事するとともに、コロンビア大学に学んだ。一九〇九年に帰国、一二年三月に袁によって山東都督に任ぜられ、一三年に中国銀行総裁、九月に交通総長、一四年二月に財政総長となる。

▼**F・J・グッドナウ**(一八五九～一九三九、中国名古徳諾)　アメリカの行政法、行政学者。コロンビア大学教授、ジョンズ・ホプキンス大学学長なども歴任した。一九一三年から袁世凱政権の法律顧問となる。

▼**『亜細亜日報』**　一九一二年六月に創刊された袁政権のいわゆる御用新聞。一九一六年三月停刊。

啓超《けいちょう》は、それが公然と化したのは一五年一月だとしている。その中心にいたのは袁世凱の長子の袁克定《えんこくてい》▲と袁父子の側近だった梁士詒《りょうしい》▲や周自斉《しゅうじせい》▲ら文官勢力であった。とりわけ広東派の経済官僚の梁士詒はライバル勢力の段祺瑞《だんきずい》ら安徽《あんき》派武官勢力を抑え、積極的に自派勢力の伸長をめざしたという。当時両派は政府の財政権の掌握をめぐって火花を散らしていた。そのため、梁士詒は袁克定と結びついて帝政推進に深くかかわっていったのである。これに対して、段祺瑞は帝政反対を唱えて陸軍総長を辞職した。また、袁と義兄弟的関係であった徐世《じょせい》昌《しょう》も同様に帝政反対を唱え、国務卿を辞した。

帝政計画推進の理論的根拠になったのが、顧問であったF・J・グッドナウ▲が、袁の意向を汲んで一九一五年八月三日の『亜細亜日報』▲に発表した論文『共和與《と》君主論』であった。グッドナウはそれに先だってすでに中国において責任内閣制は十分に機能しないとして天壇憲法草案を批判するとともに、大総統の権限の強化が必要であると主張していた。

そして中国の歴史的経験や特殊性、現状――辛亥《しんがい》革命後の政治的混乱、専制の伝統と人民の政治参加経験の欠如、教育の未普及とそれによる民智の低さ、大総統制の場合に権力継承する際の不安定さ、列強の侵略による国際的危機など——に鑑《かんが》み、将来的には代表制的政府への移行を視野にいれつつも、当面は専制的政府の創出が必要であると説いたのである。

そして、このグッドナウの主張に呼応して、一五年八月、楊度《ようたく》▲を始めとする六人の知識人が籌安会《ちゅうあんかい》▲という団体を創設し、大いに帝政の鼓吹に努めた。同会の成立宣言では、グッドナウの論文に依拠して帝政の正当化をはかっている。これ以後同会の活動に歩調を合わせるかのように帝政推進の動きは活発化した。

具体的には各省から選出される人員から構成される国民代表大会の決議によって、袁を皇帝に選出するべく準備は進められていった。かつて日本の利益のために清朝政権の維持を望ましいと考えた官僚たち、あるいは、孫文《そんぶん》ら革命派を支援した民間人のみならず、日本の朝野もただならぬ関心をもってその動向をみていたようである。日本のマスコミも中国情報にはなみなみならぬ関心をいだいていたようであり、例えば『大阪朝日新聞』は日中双方の動向を詳細に伝えていた。

そして同年十二月十一日、国民代表大会は袁を皇帝に推挙した。袁は形式的

▼楊度（一八七五～一九三一）　湖南省の生まれ。一八九四年に挙人となる。康有為らの公車上書に参加し、このとき、梁啓超・袁世凱らと知り合う。一九〇二年、日本に渡り、弘文学院に入学、のち、法政大学に入学した。また、湖南出身学生らと『游学訳編』を創刊した。〇六年、憲政編査館提調に任ぜられるとともに、〇七年には『中国新報』を創刊し、清朝の立憲君主化に深くかかわった。中華民国成立後、参政員参政に任じられる。

▼籌安会　楊度、孫毓筠、厳復、胡瑛、劉師培、李燮和によって結成。

な「辞退」を演じ、二度目の請願を受けて翌日、帝位につくことを受諾、国号を中華帝国、元号を洪憲《こうけん》と定めた。では、袁はなぜ帝位を志向したのであろうか。おそらくそれは、彼の人生における果てしなき政治闘争、権力闘争に由来するものと思われる。大統領という政府組織の一員であるかぎり、それらから自由ではないからだ。

以上に述べたような帝政計画が進められるなか、これに深くかかわっていたのが二十一カ条要求であった。一九一五年一月、大隈内閣は要求書を直接大総統に手交したが、これは外交儀礼としては異例の方法であった。前述のように二十一カ条要求はドイツの山東利権の継承をめざすとともに、中国からのよりいっそうの利権の獲得をめざすものであったが、これは袁の帝政計画そのものと関係するものとされる。日本側からの一方的要求にみえるこの要求の提出には、じつはそれにいたるまでの伏線があった。それはシンプルにいうならば、まずは袁世凱政権側から日本の帝政承認を引き出すべくもたらされ、それに対して日本が帝政支持の見返りを要求し、袁世凱がそれを承認したことで提出にいたったものであるという。その最初の接触は、平川清風が述べるように一九

▼**第五号要求**　「中国政府の顧問として日本人を雇用すること」およびそのほかの内容から構成される。

一四年八月とされる。しかしながら日本の突きつけた要求は、おそらく袁らが考えていたものよりはるかに過酷なものであったと思われる。それゆえ、袁世凱政権の抵抗も強固で、翌一五年二月以後、日中間で二十数回にもわたる交渉会議がもたれたが、容易に妥結せず、四月には交渉は行き詰まってしまった。

この間、袁世凱政権は顧問の有賀長雄《ありがながお》を日本に派遣して、主として第五号要求▲について交渉させていた。そして、秘密要求事項であった第五号要求の内容を国際社会に対して明らかにし、ねばり強く抵抗を続けた。列強では、日本の利権拡大に批判的なドイツとアメリカが反対を表明した。アメリカはイギリス・フランス・ロシアに対して日中交渉への共同干渉の呼びかけをしたが、同意を得られなかった。日本はアメリカの呼びかけの前に第五号要求を撤回して修正案を作成して受諾を迫り、袁世凱政権に最後通牒《つうちょう》を突きつけた。その結果、袁世凱政権は万策つきて五月九日、やむなくこれを受諾したのであった。

では、これによって袁世凱の帝政計画は日本の同意を取りつけることができたのであろうか。当初、大隈内閣は帝政計画に比較的好意的であったといわれている。そして帝政運動が急速に推進されるようになった一九一五年九月頃に

▼**石井菊次郎**（一八六六〜一九四五）
日本の外交官・外務大臣。一九一七年、アメリカとの間に石井・ランシング協定を結ぶ。

は帝政に関与しない方針に転換し、イギリスに対しても共同歩調をとるように打診したのであった。イギリスもまた中華民国駐在公使ジョルダンが袁と会談してこれを本国へ報告するなかで、傍観するのが妥当であるとの上申をした。これらはいずれも帝政への消極的支持といってもよいだろう。ところが石井菊次郎▲駐仏大使が外務大臣に就任するにいたるや、このような傍観的消極的支持の方針は根本から覆った。中国に対して共同で勧告し、国体変更計画を一時的に中止させようとしたのである。ここから日本による帝政計画への干渉が始まった。イギリスは日本に同意し、さらに日英共同でロシア・フランス・アメリカにも働きかけることにした。そして最終的には、アメリカを除く四国にイタリアを加え、同年十月末、帝政延期勧告をおこなったのである。十一月、中国側は一九一五年内は帝政を実施しないと、列強の勧告に譲歩した。しかしながら、国内では袁を皇帝に推戴するための準備は着々と進められており、翌一六年元旦から洪憲の元号を使用し、二月に皇帝即位を実施することにした。

▼**蔡鍔**（一八八二〜一九一六）　湖南省出身。一八九八年、長沙時務学堂に入学し、そこで梁啓超の影響を受けた。一九〇一年、三度目の渡日をし、成城学校と陸軍士官学校に学んだ。

反袁運動の展開と帝政の取り消し

ところが袁世凱の帝政計画は外部からの圧力だけでなく、国内からの強い反対にも直面することになった。その中心的存在は、当時陸海軍大元帥統率辦事《べんじ》処《しょ》処員であった蔡鍔《さいがく》▲であった。蔡鍔はかつては梁啓超の弟子でもあり、籌安会設立後から梁啓超と連絡を取り、反袁運動の計画を練っていた。このような蔡鍔に対して袁も警戒心を解かず監視を続けていたという。蔡鍔は病気療養を口実として、若いころに学び暮らしたことのある日本に渡り、その後、かつて都督として統治した雲南に入った。そして、雲南将軍唐継堯《とうけいぎょう》、雲南巡按使任可《じんか》澄《ちょう》とともに討袁を呼びかける電報を全国に通電し、自らの軍を護国軍と命名して戦った。また、一九一六年三月、広西省が袁世凱政権からの「独立」を宣言し、護国軍と共同歩調をとった。第二革命のときとは異なり、袁世凱政権はこのような国内の反対運動の展開を容易に収束させることができなかった。

このような事態はさらなる列強による干渉を招来した。ヨーロッパ戦線で第一次世界大戦を継続中のイギリス・アメリカはドイツ・オーストリアによる帝政の先行承認を恐れるとともに、日本の発言力が強まることを警戒して袁世凱政権への関与を強め、日本に対して帝政承認を働きかけた。ところが日本はイギリス・アメリカと袁世凱政権との接近をきらい、イギリス・アメリカによる帝政承認の働きかけに同意しなかった。それのみならず完全に反袁世凱の姿勢に変わり、袁世凱政権の特使派遣を拒絶した。そして同政権の崩壊、袁の権威失墜を企図するようになり、同年三月、大隈内閣はこれらを閣議決定し、また、日本の民間勢力が反袁軍を支援することを承認した。

このような事態を受けて、袁世凱政権は善後策を協議せざるを得ない状況に追い込まれた。そして三月二十二日、ついに帝政取り消しが決定され、翌日発表された。わずか八三日間の帝政劇であった。これはただちに国内各地の戦線に影響をおよぼした。四川では独自に停戦協定が結ばれ、また広東・江西・浙江では「独立」宣言がなされた。袁は状況を打開するために、徐世昌を国務卿に復帰させ、政治堂を責任内閣に改め、さらには反袁派軍人に高く評価されていた段祺瑞を参謀総長とし、さらにわずか一ヵ月ほどで辞任した徐世昌にかえて国務卿とした。

また袁は帝政取り消し以後の事態収拾に関して、日本の動向を把握しようとした。そしてこののち、時局収集の焦点となったのは段祺瑞と馮国璋《ふうこくしょう》であった。馮は蔡鍔らの反袁派ともパイプをもっていたのであった。しかし馮は段祺瑞の依頼どおりには動かず、段が排日的姿勢にあるとみた日本が自身を支持したことを背景として自派の勢力拡大に動いた。とはいえ両者は袁世凱の退位を実現して、和平的に解決することをめざすことは一致していた。そして段の承認のもと、未「独立」の一五省の代表を南京に招集して会議を開催した。しかし、袁の即時退位の主張がある一方で、混乱時に元首を変更させるべきではないとする意見があり、両者は対立・膠着《こうちゃく》してなんら成果を得られずに終わった。このような状況を受けて、袁は馮、段を非難する談話を発表した。しかしながら日本側の袁世凱排除の方針は断固として変わらず、袁は追い詰められてしまった。

そして、一九一六年六月六日、神経衰弱および尿毒症を併発して病床に伏せっていた袁世凱は大総統のまま死去した。五八年間の生涯であった。

袁世凱と近代中国

袁世凱は近代中国においていかなる存在であったのだろうか。それは、改革をめざす人々のなかでもっとも保守的な路線改革を志向した人物といってもよいだろう。「国を盗んだ」男と評されたことを本書冒頭で紹介したが、「革命」が唯一の正しい歴史の展開の道筋だと考える人たちにはそのようにみえたのかもしれない。辛亥革命はなぜ発生したのか、という問いを立ててみるとわかりやすいだろう。

この時期に東アジアが世界史的一体化の渦に巻き込まれるなかで、ヒト、モノ、情報、カネが活発に移動するようになり、また中国自身が極めて動態的、多様性をましていった時代であった。旧来の清朝のシステムがすでに時代遅れになり、そのような変化に対応できなくなったと考えられる。そして清朝の対応も事態の克服に対してかならずしも十分ではなく、革命が勃発し、清朝は政治の舞台から退場を余儀なくされたのであった。

変革の口火となったのは、たしかに「革命派」の活動であったといってよい。しかし、その後の推移は本書でも言及したように、諸政治勢力のベクトルの総

袁世凱の墓

和として現出されたのであった。したがって、辛亥革命がなにかを解決したというよりも、さまざまな矛盾・亀裂が辛亥革命という地殻変動のエネルギーとなり、革命が発生したというべきであろう。すなわち、袁が政治権力の最高位にまでのぼり詰めることができたのは時代の総意といっても過言ではない。

　では、袁は時代の要請に十分応えることができたのであろうか。それは否、というしかない。たしかに袁は中国の分権的構造にメスをいれて、これを中央集権的構造に変えようとしていたことは間違いない。しかし、その過程で袁はもっとも保守的な改革路線を採用し、あまりにも多くのものを壊し、切り捨てた。結果として制度改革の段階に止まってしまったといえよう。新しい鋳型《いがた》をつくり、中国を鋳なおすところまではいかなかった。いや、鋳型の設計図は、ある程度できたといえるかもしれない。それは外見的には立憲制的様相をまといつつも、ブロックを積み上げてつくるようなものではなかった。皇帝である袁に忠誠を尽くすことが、すなわち、中華民国に忠誠を尽くすことになるような、袁自身の存在と国家とを一体化させたような国家であろう。そうであるがゆえ、最後は皇帝になり、個人の威信と皇帝権力に頼っていこうとしたのであろう。しかしながら、すでに中国は皇帝の再出現を許さない段階に進んでしまっていた。また、一人の人間の力量で支配できる状況でもなかった。したがって、これ以降の中国は皇帝ではない別のかたちでの権力集中の方法を生み出すことになっていく。

そして、皇帝への就任は反作用として袁自身にもはね返ってきた。それまで積極的にではないにせよ袁を支持していた人たちをも対岸へ追いやってしまった。また、国際環境、とりわけ日本との関係は袁世凱をつねに悩まし続けるものであったことも間違いない。しいていうならば、袁の姿勢は「安内攘外」的であったともいえよう。二十世紀初頭以来、袁の採用した対外関係は、中国をめぐる列強諸国間の緊張関係をうまく利用したものであった。中国により多くの利権を獲得しようとする日本は、それに翻弄され悩まされもした。日本との緊張関係は、最終的には袁世凱を追い詰めることになったのであった。

袁世凱とその時代

西暦	中国暦	齢	おもな事項
1859	咸豊 9	0	***9***- 袁保中の四男として生まれる
1865	同治 4	6	叔父の袁保慶の養子となる
1873	12	14	養父の保慶が死去
1876	光緒 2	17	河南郷試を受けるも落第
1879	5	20	再度，河南郷試に落第。捐納により中書科中書を得る
1881	7	22	山東省登州の呉長慶の軍に身を投じ，張謇と出会う
1882	8	23	***7***- 壬午軍乱の勃発，***8***- 大院君を拘束
1884	10	25	***12***- 甲申政変
1885	11	26	***10***- 大院君帰国，総理交渉通商事宜に任命される
1894	20	35	***2***- 張謇，進士に及第，***5***- 朝鮮から清へ出兵要請，***6***- 日清両国の派兵，***7***- 袁帰国，***11***- ハンネッケンの提言
1895	21	36	***4***- 下関条約締結，***8***- 強学会に加入，***12***- 小站で練兵，新建陸軍編成
1897	23	38	直隷按擦使に昇任
1898	24	39	戊戌変法始まる。***9***- 光緒帝に謁見，候補侍郎に任ぜられる，光緒帝幽閉
1899	25	40	***6***- 工部右侍郎に昇任，***12***- 山東巡撫代理に昇任
1900	26	41	***3***- 山東巡撫に昇任，***6***- 北京の朝廷，列強に宣戦布告，東南互保協定，***8***- 八カ国連合軍北京入城，西太后・光緒帝蒙塵
1901	27	42	***1***- 変法の詔，***4***- 変法十事を条陳，***9***- 北京議定書調印，***11***- 李鴻章死去，直隷総督代理兼北洋大臣代理に就任，保定へ
1902	28	43	***6***- 直隷総督兼北洋大臣に就任，***8***- 天津返還，総督衙門の天津移駐，北洋新政始まる
1903	29	44	***3***- 科挙廃止を上奏，***12***- 会辦練兵大臣となる
1904	30	45	***2***- 日露戦争勃発，局外中立を進言
1905	31	46	***8***- 科挙停止，中国同盟会結成，***9***- 出洋考察大臣派遣を決定
1906	32	47	***8***- 預備立憲を上奏
1907	33	48	***7***- 天津県議事会成立，***9***- 軍機大臣兼外務部尚書に任命
1908	34	49	***8***- 憲法大綱発布，***11***- 光緒帝・西太后死去
1909	宣統 1	50	***1***- 袁世凱罷免
1910	2	51	***10***- 資政院開設
1911	3	52	***10***- 武昌蜂起，***11***- 内閣総理大臣に任命，***12***- 孫文帰国
1912	民国 1	53	***1***- 孫文，臨時大総統に就任，***2***- 宣統帝退位，***3***- 臨時約法制定，***4***- 北京政府成立，***9***- 八大政綱の宣布
1913	2	54	***3***- 宋教仁暗殺，***6***- 第二革命勃発，***10***- 大総統就任
1914	3	55	***1***- 国会解散，***2***- 地方自治停止，***12***- 修正大総統選挙法公布
1915	4	56	***1***- 21 カ条要求，***8***- 籌安会設立，***12***- 皇帝に推戴
1916	5	57	***1***- 中華帝国発足，***3***- 中華帝国廃止宣言，***6***- 死去

図版出典一覧

中国第二歴史檔案館『袁世凱與北洋軍閥』商務印書館，香港，1994 年
カバー表，扉，*5, 9, 16, 17, 32, 52, 61*

静嘉堂文庫提供 *57*

著者提供 カバー裏

参考文献(比較的入手しやすい日本語文献を中心として取りあげた)

アーネスト・P・ヤング（藤岡喜久男訳）『袁世凱総統――「開発独裁」の先駆』光風社出版，1994 年
阿部洋『中国近代学校史研究――清末における近代学校制度の成立過程』福村出版，1993 年
汪婉『清末中国対日教育視察の研究』汲古書院，1998 年
岡本隆司『属国と自主のあいだ――近代清韓関係と東アジアの命運』名古屋大学出版会，2004 年
岡本隆司『世界のなかの日清韓関係史――交隣と属国，自主と独立』講談社，2008 年
岡本隆司『李鴻章――東アジアの近代』岩波書店，2011 年
岡本隆司『袁世凱――現代中国の出発』岩波書店，2015 年
笠原十九司『第一次世界大戦期の中国民族運動――東アジア国際関係に位置づけて』汲古書院，2014 年
金子肇『近代中国の中央と地方――民国前期の国家統合と行財政』汲古書院，2008 年
川島真『近代国家への模索 1894 ～ 1925』（シリーズ中国近現代史②）岩波書店，2010 年
川島真『中国近代外交の形成』名古屋大学出版会，2004 年
孔祥吉・村田雄二郎『清末中国と日本――宮廷・変法・革命』研文出版，2011 年
黄東蘭『近代中国の地方自治と明治日本』汲古書院，2005 年
後藤孝夫『辛亥革命から満州事変へ――大阪朝日新聞と近代中国』みすず書房，1987 年
佐久間東山（石橋秀雄校注，小島晋治解説）『袁世凱伝』現代思潮社，1985 年
佐藤鉄治郎（孔祥吉・村田雄二郎整理）『一個日本記者筆下的袁世凱』天津古籍出版社，2005 年
ジェローム・チェン（守川正道訳）『袁世凱と近代中国』岩波書店，1980 年
ジェローム・チェン（北村稔・岩井茂樹・江田健治訳）『軍紳政権――軍閥支配下の中国』岩波書店，1984 年
辛亥革命百周年記念論集編集委員会編『総合研究　辛亥革命』岩波書店，2012 年
高崎宗司『植民地朝鮮の日本人』岩波書店，2002 年
橘誠『ボグド・ハーン政権の研究――モンゴル建国史序説 1911 ～ 1921』風間書房，2011 年
田中比呂志「近代中国の国民国家構想とその展開」『アジアの国民国家構想――近代への投企と葛藤』青木書店，2008 年
田中比呂志『近代中国政治統合の研究――立憲・地方自治・地域エリート』研文出版，2010 年
鄭在貞（石渡延男・鈴木信昭・横田安司訳）『新しい韓国近現代史』桐書房，1993 年
藤谷浩悦『湖南省近代政治史研究』汲古書院，2013 年
山田辰雄編『歴史のなかの現代中国』勁草書房，1996 年
山根幸夫『近代中国のなかの日本人』研文出版，1994 年
横山宏章『孫文と袁世凱――中華統合の夢』岩波書店，1996 年
吉澤誠一郎『天津の近代――清末都市における政治文化と社会統合』名古屋大学出版会，2002 年
吉澤誠一郎『清朝と近代世界―― 19 世紀』岩波書店，2010 年

田中比呂志(たなかひろし)
1961年生まれ
一橋大学大学院社会学研究科博士課程修了。博士(社会学)
専攻，中国近現代史
現在，東京学芸大学教授
主要著書
『近代中国の政治統合と地域社会』(研文出版 2010)
『中国内陸における農村変革と地域社会――山西省臨汾市近郊農村の変容』(共著，御茶の水書房 2011)
『華北の発見』(共著，汲古書院 2013)
『戦前日本の華中・華南調査』(共著，東洋文庫 2021)
『中国の農民は何を語ったか』(共編著，汲古書院 2022)
『華東・華中農村訪問調査報告書』(共編著，汲古書院 2023)
『中国山西省高河店訪問調査の記録』(共編著，汲古書院 2023)

世界史リブレット人78
袁世凱《えんせいがい》
統合《とうごう》と改革《かいかく》への見果《みは》てぬ夢《ゆめ》を追《お》い求《もと》めて

2015年8月30日　1版1刷発行
2023年4月30日　1版2刷発行

著者：田中比呂志《たなかひろし》

発行者：野澤武史

装幀者：菊地信義

発行所：株式会社 山川出版社

〒101-0047　東京都千代田区内神田1-13-13
電話　03-3293-8131(営業)　8134(編集)
https://www.yamakawa.co.jp/
振替　00120-9-43993

印刷所：株式会社 プロスト

製本所：株式会社 ブロケード

 ISBN978-4-634-35078-6